ちくま新書

自民党幹事長

——歴史に見る権力と人間力

星 浩
Hoshi Hiroshi

1810

自民党幹事長——歴史に見る権力と人間力【目次】

第2章　歴代幹事長を振り返る　055

第3章　様々な幹事長タイプ　149

はじめに――なぜ幹事長に注目するのか

自由民主党が一九五五年に結党されてから約七〇年。以来、二度・計四年（九三年の細川護熙・非自民連立政権と二〇〇九年からの民主党政権）を除いて、長く政権の座を占めてきた。その自民党で幹事長は要《かなめ》のポストだ。副総裁は必要に応じて任命されるが、幹事長は常任。総裁（多くの場合は首相でもある）に次ぐ権力者だ。ある時は総裁・首相の座を脅かす最大のライバルであり、ある時は総裁・首相の従順な部下であった。企業で言えば、次期社長を狙う副社長や専務といったところだろう。

自民党総裁は、熾烈な権力闘争である総裁選で決まる。さらに首相は「国権の最高機関」（憲法第四一条）である国会の衆院本会議の指名投票で選ばれる（参院本会議でも首相指名の投票があるが、結果が衆院と異なった場合、衆院の議決が優先される）。だから、首相・総裁の権限は強力だ。政府と自民党の要職の人事権、政府予算の編成権、そして衆院の解散権を一手に握る。

その総裁の指名で幹事長が誕生するのだが、それでも首相・総裁と幹事長が全面的に対立し、党を二分する抗争になったこともしばしばあった。一九七八年の福田赳夫《ふくだたけお》首相と大平正芳《おおひらまさよし》幹事長の対決が典型だ。一般党員参加の選挙で、田中角栄《たなかかくえい》元首相の全面支援を受けた大平が勝利。「党員の判断という天の声に従う」と宣言していた福田は「天の声にも変な声もある」という名セリフを残して政権の座を去った。

また、首相・総裁の意のままに選挙の公認候補の決定などを進める幹事長もいた。二〇〇五年、小泉純一郎《こいずみじゅんいちろう》首相が郵政民営化の是非を問うた解散・総選挙の際、武部勤《たけべつとむ》幹事長は「偉大なるイエスマン」と自称。公認候補選びや選挙のテコ入れなどで小泉首相に付き従った。

国会で野党と対立する時には矢面に立ち、妥協の道を探る。国政選挙では陣頭指揮に立ち、党運営の中で億単位のカネを動かすのも幹事長の権限だ。総裁選に向けて党内調整を進める「行司役《ぎょうじやく》」を務めた幹事長もいる。そして、幹事長ポストでは政治家の力量が試される。「人たらし」といわれて党内をまとめるタイプがいる一方で、部下を怒鳴り散らし、共感が広がらないタイプも少なくない。政策能力、組織運営、そして人望……。まさに

「人間力」の勝負である。

自民党が一九五五年に結党されてから九三年に初めて下野《げや》するまでの三八年間は「青年期」を過ごしたといえる。ロッキード事件やリクルート事件など政治とカネをめぐる不祥事も相次いだが、高度経済成長を実現し、医療や年金などの社会保障制度も整備し、政策や党運営では活力に満ちていた。九三年から二〇一二年までは「壮年期」だろう。政治改革をめぐって党が分裂し、初めて下野した。その後、社会党との連立政権を結成し、自前の政権復活につなげた。さらには小泉純一郎首相の劇場型政治と続いた。〇九年には総選挙で民主党に惨敗。政権を明け渡し、一二年まで三年余の野党暮らしを味わった。一二年に安倍《あべ》晋三《しんぞう》総裁の下で政権復帰した後の現在までは「老年期」なのか「熟年期」なのか。金融緩和を軸としたアベノミクスで、景気は一時的に回復したかに見えたが、国民の暮らしは良くなっていない。そして、二三年秋には、安倍派を中心に派閥の裏金問題が発覚し、世論の厳しい批判を浴びた。自民党の往年の勢いは失われ、新たな理念・政策を模索しているのが実情だ。

自民党は長く政権を維持し、難しい政策決定を進めてきた。その一方で、党内では首相をめざす権力闘争が絶えなかった。そうした「政治の渦」の中心にいたのが幹事長だった。

その自民党では、人材不足が深刻だ。自民党で約四〇年間、選挙実務に携わった久米《くめ》晃《あきら》・元事務局長は「今の自民党は人材の砂漠だ」と言う。党組織を束ねる幹事長や政策づくりを担う政調会長などの要職にも、かつてのような「輝く人材」は見られなくなった。歴代幹事長の中に女性がいないことも、「男性優位」の自民党の古い体質を物語っている。なぜこんな事態に陥ったのかについても考察を進めたい。

歴代の自民党幹事長を調べてみると「岸・安倍三代」が突出している。自民党が一九五五年に結党した時の初代幹事長には岸信介《きしのぶすけ》が就任。鳩山一郎《はとやまいちろう》政権だった。その約三〇年後の一九八七年には、岸の娘婿の安倍晋太郎《あべしんたろう》が竹下登《たけしたのぼる》政権下で幹事長に就いた。さらに、その一六年後の二〇〇三年には小泉純一郎政権下の幹事長に安倍晋太郎の息子の晋三が起用された。自民党の歴史の中で、岸、安倍晋太郎、晋三という三代にわたる幹事長は他に例がない。親子で幹事長を務めたケースさえない。岸と安倍晋三は、幹事長を経て総裁・首相に上り詰めている。「安倍三代」が自民党に大きな影響力を持っていたことが分かる。

だが、その流れは突然、途絶えた。二〇二二年七月、参院選の応援演説をしていた安倍晋三が銃撃され、死去するという衝撃的な事件が起きたのだ。安倍が率いていた最大派閥の安倍派は動揺し、それが自民党の混乱にもつながっていった。

二〇二三年秋には派閥の資金集めパーティーに絡む裏金問題が発覚。とりわけ多くの安倍派の国会議員が長年にわたり、派閥から大規模な資金のキックバックを続け、政治資金収支報告書に記載していなかったことが判明した。多くの安倍派議員は、最大派閥の権勢を笠に着て、企業などに派閥の資金集めのパーティー券を売りつけた。だが、その一部を派閥から還流を受けて、個人的に使っていた。「政治資金」であることを口実にして、税金も払っていない。まさに「詐欺的カネ集め」が横行していたのである。

東京地検特捜部は、不記載や虚偽記載の容疑で、いずれも安倍派の池田《いけだ》佳隆《よしたか》衆院議員を逮捕・起訴、大野《おおの》泰正《やすただ》参院議員は在宅起訴、谷川《たにがわ》弥一《やいち》衆院議員は略式起訴された。安倍派、二階派、岸田派の会計責任者も在宅起訴や略式起訴などの処分を受けた。不記載が確認された衆参両院議員らは八五人、不記載の総額は過去五年間で約六億円にのぼった。安倍派の幹部たち（塩谷《しおのや》立《りゅう》、世耕《せこう》弘成《ひろしげ》、下村《しもむら》博文《はくぶん》、西村《にしむら》康稔《やすとし》、高木《たかぎ》毅《つよし》、橋本《はしもと》聖子《せいこ》、西田《にしだ》昌司《しょうじ》）は衆参両院の政治倫理審査会に出席したが裏金問題の経緯を詳しく説明しようとせず、責任回避に終始した。

岸田《きしだ》文雄《ふみお》首相は、裏金を受け取った議員のうち金額が五〇〇〇万円以上の議員三五人の処分を決め、塩谷、世耕を離党勧告、下村、西村を党員資格停止などとした。ただ、二《に》階《かい》俊《とし》博《ひろ》元幹事長については、約三〇〇〇万円の裏金を受け取り、二階派の会計責任者も立件されたが、次期総選挙に立候補しないことを表明したことから、処分は見送られた。岸田派の不記載に監督責任がある岸田首相の処分も行われなかった。裏金を受け取っていたことだけでなく、その後の説明や処分が甘かったことには世論の厳しい批判が集まり、岸田首相や茂木《もぎ》敏充《としみつ》幹事長らは対応に苦慮し続けた。

裏金問題を受けて岸田首相は、政治資金の透明性を高めるために政治資金規正法の改正を提起。パーティー券購入の公開基準を二〇万円超（一般の政治献金は五万円超）から五万円超に引き下げるなどの改正が進められた。

さらに党から幹事長らに渡された後の使途が明らかにならない政策活動費についても、立憲民主党など野党側は廃止か透明性拡大を要求した。自民党では第二次安倍政権などでの二階俊博幹事長に五年間で約五〇億円、岸田政権での茂木敏充幹事長に一年間で約一〇億円もの政策活動費が支出されている。中堅・若手議員の選挙のテコ入れなどに使われたとみられるが、詳細は公表されていない。その使途は幹事長の裁量に委ねられており、「幹事長の力の源泉」ともいわれている。世論の批判を受けて、岸田首相は政策活動費の領収書を一〇年後に公表するという日本維新の会の提案を受け入れて、規正法の改正案に盛り込み、可決、成立させた。
自民党で政治とカネの問題が絶えない中、政治資金の配分を「力の源泉」とするような政治自体を改めるべきだという指摘が強まっている。とりわけ、三〇年前に「政治改革」を唱えて自民党を離党し、民主党など自民党に対抗する政党に所属してきた立憲民主党の岡田《おかだ》克也《かつや》幹事長らの批判は説得力を増している。幹事長の金権体質をライバル政党の幹事長から糾弾される事態は、自民党にとって、まさに「結党以来の危機」ともいえる。

私は一九八五年から約三〇年間、朝日新聞で政治取材を続けた。中曽根《なかそね》康弘《やすひろ》首相の「番記者」から始まって、自民党を担当する「平河《ひらかわ》クラブ」では、派閥（竹下派）担当、三席、次席、キャップという四つのポストを務めた。衆院選や参院選では、地方の選挙区取材も重ねた。編集委員としては自民党に関する企画取材も重ね、コラムなども執筆した。二〇一六年には朝日新聞を退社、TBSテレビに移って、キャスターやコメンテーターとして政治の動きをウォッチしている。中曽根康弘首相から岸田文雄首相まで、連綿と続いた自民党政権で、取材対象の中心にはいつも自民党幹事長がいた。中曽根政権の竹下登から始まって、安倍晋太郎、橋本龍太郎《はしもとりゅうたろう》、小沢一郎《おざわいちろう》、小渕恵三《おぶちけいぞう》、梶山静六《かじやませいろく》、森喜朗《もりよしろう》、加藤紘一《かとうこういち》、山崎拓《やまさきたく》、安倍晋三、二階俊博……。多くの幹事長を取材した場面が思い起こされる。記者会見で正面から質問をぶつけたり、夜討ち朝駆けで極秘情報を入手したりした。

幹事長の理念や政策、さらにはその人柄によって自民党のありようが大きく変わる。それが政権にも影響して、政治が大きく動いていく。そんな場面を何度も目撃した。

自民党幹事長をめぐる話題は尽きない。自民党の長い歴史の中で幹事長の奮闘ぶりを振り返りつつ、幹事長の強さの秘密を探ってみたい。さらに、「政治とカネ」をめぐるスキャンダルが相次ぐ自民党が組織運営や政策で行き詰るなか、自民党の再生は可能なのか。そして新しい時代の幹事長はどうあるべきかを考察してみよう。そんな狙いから書き始めたのが本書である。「自民党幹事長」を通じて、日本政治の「現在、過去、未来」を考える一助になれば幸いである。

第1章

大物政治家に見る名幹事長の条件とは

1　最強の幹事長、田中角栄

自民党の歴代幹事長について振り返る前に、最強の幹事長は誰だったのかを考えてみたい。

自民党本部の職員として約三〇年間、歴代の幹事長に仕えてきた奥島貞雄《おくしまさだお》は田中角栄を「ナンバーワン」に挙げている。奥島は「田中は『幹事長の中の幹事長』であった。田中のスタイルを理想と仰ぎ真似ようと試みた後の多くの政治家は、誰ひとりとして彼の域に達することが出来なかった」（奥島、二〇〇五）と書いている。

†総選挙で圧勝、小沢氏らが初当選

田中は一九一八年、新潟県生まれ。高等小学校を卒業した後に上京し、建築会社などで働いた。陸軍に徴兵され満州（中国東北部）に派遣されるが、病気のために帰国。敗戦を迎える。土建業を営みながら四七年の総選挙で初当選。五五年の自民党結党に加わった。三九歳で郵政相、四四歳で蔵相を務めるなど、若くして頭角を現した。

田中は佐藤栄作《さとうえいさく》政権の一九六五年六月～六六年一二月と六八年一二月～七一年七月の二度、計四年間、幹事長を務めている。幹事長の仕事は、党運営、国会対策など多岐にわたるが、その中でも最大の任務は選挙で勝つことである。

幹事長にとって、選挙は複雑な意味を持つ。政権選択の総選挙で勝てば総裁・首相の功績となって政権が続く。大敗すれば、総裁・首相の退陣に直結し、幹事長も引責辞任する。首相退陣には至らない程度の惜敗の場合、幹事長が責任を取って辞任するケースもある。そうした微妙な状況で地方の自民党幹部と交流を深め、各地の選挙事情を体得し、若手候補との人脈を築く。幹事長にとっての試金石の場が選挙である。その点で田中は、六九年一二月の総選挙（定数四八六）で二八八議席（追加公認含め三〇〇議席）を獲得して圧勝。自民党内の実力者としての足場を固めた。

田中はこの選挙で、全国各地を走り回り、候補者発掘を進めた。その結果、初当選したのが奥田敬和《おくだけいわ》、小沢一郎、梶山静六、羽田孜《はたつとむ》、渡部恒三《わたなべこうぞう》らだった。彼らは後に田中派の中堅・若手議員として田中を支えた。もっとも、小沢ら五人は後に、二期先輩にあたる小渕恵三、橋本龍太郎とともに竹下登を担いで田中派内に「創政会《そうせいかい》」というグループを結成。田中による派閥支配・自民党支配を打ち破り、竹下政権を樹立することになる。小沢らは竹下派「七奉行《ななぶぎょう》」と呼ばれ、日本政治の中枢を占めていく。このほか六九年の総選挙では、森喜朗、社会党（当時）の土井《どい》たか子、横路孝弘《よこみちたかひろ》、共産党の不破哲三《ふわてつぞう》らも初当選した。

†日韓条約を強行採決

選挙に並んで幹事長の大きな仕事が国会運営である。田中は幹事長に就任早々の六五年一〇月、日韓基本条約を承認するための臨時国会に臨んだ。この条約は、日本政府が朝鮮半島の植民地支配について「日韓両政府間の長い歴史の中に、不幸な期間があったことは誠に遺憾であり、深く反省する」（椎名悦三郎《しいなえつさぶろう》外相の声明）との立場から「無償三億ドル、有償二億ドル」を韓国に供与。個人補償などは行わないことで合意していた。野党の社会党などは「この条約は北朝鮮の存在を否定する」として強く反対。国会審議は大荒れとなった。衆院本会議の採決時には、社会党が閣僚らの不信任案を連発、牛歩戦術《ぎゅうほせんじゅつ》も繰り返した。田中は、野党だった民社党の同調を取り付けて強行採決を続け、衆院は三泊四日で条約を承認した。参院でも可決、承認された。

ただ、強気一辺倒ではないのが田中の持ち味だ。採決混乱の責任を取る形で衆院の正副議長だった船田中《ふなだなか》、田中伊三次《たなかいさじ》を辞職させて野党をなだめるという手を打った。「国権の最高機関」である国会のトップを辞職させるという田中の強引な手法には批判もあったが、野党対策として効果を見せたことは確かである。

佐藤政権にとって懸案だった日韓条約を、自民党内の結束を維持して承認にこぎつけたのは、田中にとって大きな業績となった。

田中は幹事長在任中から中国（中華人民共和国）との関係改善に前向きだった。佐藤政権下では、米国の方針に追随して中華民国（台湾）との国交を維持。中国との国交はなく、国連の代表権も中華民国を認めていた。ところが、ニクソン米大統領が突如、中国との国交樹立の方針を宣言。佐藤政権が取り残される形となった。田中は盟友だった大平正芳とともに中国との国交回復に動き出した。ポスト佐藤を選ぶ総裁選では、従来通り中華民国との国交維持を唱える福田赳夫と中国との国交を求める田中との対決となり、田中が勝利した。中国との外交問題が政治の焦点となるという異例の展開だった。

田中は中国大陸で従軍した体験から、常々、戦争への「反省」を口にしていた。クリスチャンで中国への「贖罪《しょくざい》」意識を持っていた大平とは共通する思いだった。それが、後の田中首相・大平外相による日中国交回復につながっていった。

金権政治の広がり

一方で、自民党の「金権政治」が広がったのも田中幹事長の時期である。自民党の国会対策として、野党議員に対して料亭で接待したり、高級背広仕立券を贈ったりといった動きが活発になった。田中がこうした「国対政治」の陣頭指揮をとっていたことは間違いない。

田中は当時、佐藤派の幹部だったが、いずれは自分の派閥を立ち上げる考えだった。そのため、将来の「田中派」のメンバー集めに余念がなかった。そのためにカネを配ったケースも多い。私は、当時自民党池田派（宏池《こうち》会《かい》）の若手衆院議員でのちに首相となる宮澤《みやざわ》喜《き》一《いち》から「田中さんが幹事長になって以降、政治にかかるカネがひと桁多くなってしまった」という話を聞いたことがある。

田中ウォッチャーだった朝日新聞コラムニストの早野透《はやのとおる》は「角栄幹事長であればこそ、自分のカネを含めて縦横なカネの使い方をしたことだろう」（早野、二〇一二）と述べている。田中は七二年に首相に就任。中国との国交回復を実現するが、一方で金権体質が批判を浴び、在任二年で退陣。その後にロッキード事件（米ロッキード社が首相在任中の田中に対して、航空機売込みのために五億円の賄賂《わいろ》を贈ったとされる）で逮捕、起訴されるが、それでも最大派閥を率いて「闇将軍《やみしょうぐん》」として政界に君臨した。

†情の人、職員にもシンパ

田中は「情の人」だった。田中は幹事長の時に党職員だった奥島に、こんな言葉を漏らしたという。「いろいろ気を遣い、嫌な野党を毎日相手にしなければならない。選挙もあるし。政治家はあまり年をくってからやるものじゃない。山奥の谷川のせせらぎを聞きながら温泉に浸かった生活が一番いい」（奥島、二〇〇五）

そうした気さくな面を見せて、周りの人々を引き付けるのが田中の持ち味だった。

一方で、奥島によると、田中は当落線上で争っているような自民党候補に対して「密かに資金を届けたり、団体に支援テコ入れを頼んだり」という「人たらし」の面もあったという（奥島、二〇〇五）。田中は日本が戦後復興から高度成長を駆け上る時代を象徴する政治家だった。早野は「上り列車の時代の政治」と語っていた。金権体質は批判されるべきだが、選挙をはじめとした党運営、国会対策、人情味などを総合的に考えれば、田中を「ナンバーワン幹事長」という奥島の評価は、私も同感だ。

2 加藤紘一の新境地

奥島は、「哲学を感じさせた」大平正芳、「目配り、気配りの達人」竹下登など、歴代幹事長を評しているが、田中角栄に次ぐ幹事長は明確に挙げていない。そこで、政治記者としての私の評価で歴代第二位を挙げるとすれば、加藤紘一だと思う。

†増税で勝利に高揚感

一九九五年、橋本龍太郎通産相（現経産相）が自民党総裁に就任、加藤は幹事長に起用された。当時は社会党委員長の村山富市《むらやまとみいち》氏が首相を務める自民・社会・新党さきがけの「自社さ」連立政権だった。九六年に村山が辞任。橋本が後継首相に就いて、加藤は幹事長を続投した。九六年秋の衆院解散・総選挙では、自民党が消費税増税について、村山政権時に決めた通り九七年四月から三％を五％に引き上げることを公約に明記。小沢一郎が実質的に率いていた野党の新進党は三％に据え置くべきだと主張し、消費税率の引き上げが総選挙の争点となっていた。

選挙結果は、自民＝二三九（二八増）▽新進＝一五六（四減）▽民主＝五二（増減〇）▽共産＝二六（一一増）▽社民＝一五（一五減）▽さきがけ＝二（七減）などだった。

橋本自民党は、増税を掲げながらも総選挙を勝ち抜いたことになる。名幹事長の条件である「選挙に勝つ」をクリアしている。総選挙の当時、ワシントン特派員だった私が東京の加藤幹事長に電話をしたら、こんな反応が返ってきた。

「これは歴史的勝利だ。消費税を上げると約束した自民党が、上げないと言う野党、新進党に勝ったのだから。自民党はポピュリズム、人気取り政治に勝利したわけだ。そして小沢が選挙に強いという神話も打ち破ったよ」（星、二〇一九）

†市民運動にも理解

加藤は一九七二年、自民党衆院議員だった父親の跡を継いで外務官僚から政界入り。英語と中国語を操る国際派で、自民党内ではハト派の宏池会のプリンスだった。大平正芳政権の官房副長官、中曽根康弘政権の防衛庁長官（現防衛相）、宮澤喜一政権の官房長官などを歴任した。加藤は村山政権下で自民党政調会長として社会党やさきがけとの政策調整を進めた。NPO（非営利組織）への税制優遇措置の導入を進めるなど、市民運動にも理解が深かった。加藤は市民運動出身の社会党衆院議員・辻元清美《つじもときよみ》とも交流を深めていた。業界団体重視の自民党を「市民目線の党」に変えなければならないという意識が強かった。幹事長を三年近く務め、自民党に新しい風を吹かせたという点で、加藤は「歴代二位」の幹事長に挙げてもよいと思う。

先に挙げた奥島貞雄も、加藤が社会党や新党さきがけとの話し合いを重ねていったことについて「政策協議の中身もさることながら、それらを通じて人間的な信頼感が醸成されていったことが大きかったのではないかと、私は思っている」「連立政権はプリンスに、党内人脈だけにとどまらない、幅広い人間付き合いを経験させる場になったのである。リベラルで近代的なセンスを感じさせる加藤がついに幹事長になった――我々事務局も期待するところ大、であった」と評価している（奥島、二〇〇五）。

もっとも、加藤は幹事長退任から二年後、大きくつまずいた。二〇〇〇年一一月、当時の森喜朗首相の政治姿勢を厳しく批判、野党が提出する内閣不信任案に同調する動きを見せたのだ。「加藤の乱」と呼ばれ、インターネット上では賛同を広げた。加藤のもとには「一日に何万件もの『加藤さん、総理大臣になってください』というメールが来て、高揚していた」という（逢坂《おうさか》、二〇一四）。

自民党内は動揺したが、最終的には野中広務《のなかひろむ》幹事長に抑え込まれた。野中は加藤幹事長時代に幹事長代理として仕え、加藤のリベラルな政治姿勢を高く評価。「魂の触れ合う関係だった」と述べていたが、「野党の不信任案に賛成することは許容できない」として加藤の側近議員に対して、同調しないよう説得した。加藤が山﨑拓とともに「ＹＫＫ」の同志と信じていた小泉純一郎は、加藤には同調せず、所属する森派の幹部として加藤の乱を鎮圧する側に回った。不信任案採決直前には、賛成票を投じるために衆院本会議場に向かおうとする加藤に対して、側近の谷垣禎一《たにがきさだかず》が「あんたは大将なのだから」と叫んで止めに入るなど、混乱が続いた。結局、加藤は本会議場に入らず、投票を棄権。多くの側近議員は反対に回り、不信任案は否決された。これによって、加藤の乱は失敗。「首相に最も近い男」といわれた加藤は、政権への道を断たれた。

その後、加藤は事務所代表を務めていた秘書が脱税容疑で逮捕された責任を取る形で二〇〇二年に衆院議員を辞職、〇三年の総選挙で復帰している。一三年に引退表明、一六年に死去した。

加藤は晩年、盟友だった小泉の政治手法や政策を「市場原理主義」として批判した。「市場原理主義によって、これまで地域や社会や家族という日本人がよりどころとしていた共同体が徹底的に破壊され、人々がよりどころとする場所がなくなった」「この市場原理主義は同時に格差社会という深刻な問題を日本にもたらしています。格差社会によって下に下に吐き出されていった人々が、糸の切れた風船となり、自らの閉塞感のなかで現状を変えてくれそうな『英雄』に一気になびいていく、それが今日の社会の姿であり、これはたいへん危険な状態です」(加藤、二〇〇七)

加藤は、市場原理主義への対抗軸として「強いリベラル」を掲げた。加藤によると、強いリベラルとは「市場経済を尊重しつつも、自分のことだけでなく自分が所属する共同体を尊重し、他人のことを気づかう、少々まどろっこしくともそうした社会に安心感をもとめる人々の受け皿となる政治勢力」だという(加藤、二〇〇七)。

ただ、加藤のそうした訴えは自民党には届かず、「リベラル」の動きは広がらなかった。

3 毀誉褒貶の小沢一郎、森喜朗

田中、加藤以外にも自民党幹事長を経験した有力政治家は枚挙にいとまがない。その中で小沢一郎と森喜朗を取り上げよう。

†四七歳で幹事長就任

小沢一郎ほど毀誉褒貶《きよほうへん》の激しい政治家はいない。小選挙区制導入を柱とする政治改革を掲げ、自民党を割って出た。非自民勢力を束ねて政権交代を実現した。「改革者」との評価がある。一方で、自民党最大派閥の会長選びで敗れると派閥を割り、自民党に対抗する政党をつくっても解党させる。「壊し屋」との批判も浴びる。その小沢にとって最初の「到達点」が、自民党幹事長だった。一九八九年八月、自民党総裁選で海部俊樹《かいふとしき》が新総裁に選ばれ、首相に就任。党幹事長に小沢が起用された。

小沢は四二年生まれ。六九年、衆院議員だった父親の佐重喜《さえき》の後を継いで衆院議員に初当選。田中角栄に可愛がられ、田中派の若手として頭角を現し、建設政務次官などを経験した。しかし、田中が首相退陣後も最大派閥・田中派を率いて隠然たる影響力を保つ中で、小沢は田中派内で竹下登を担いで新勢力をつくった。「創世会」というグループが発足し、田中派内では田中と竹下が激しい多数派工作を繰り広げた。

途中で田中が脳梗塞で倒れ、竹下側が事実上の派閥乗っ取りに成功する。竹下は「経世会《けいせいかい》」という名で竹下派を設立し、八七年には中曽根康弘首相の後継総裁・首相に上り詰めた。小沢は竹下政権の立役者として官房副長官に就任。消費税導入などに奔走した。

竹下政権はリクルート事件（就職情報企業のリクルート社が、関連会社の未公開株を竹下や安倍晋太郎幹事長、宮澤喜一蔵相ら有力者の周辺に譲渡し、株の公開で巨額の利益をもたらしていた）などで二年足らずで崩壊。続く宇《う》野《の》宗佑《そうすけ》政権は竹下主導で誕生したが、参院選で大敗し、二カ月で終わった。竹下派内では、宇野政権で幹事長を務めた橋本龍太郎を後継総裁に推す動きもあったが、小沢はライバルだった橋本を警戒し、総裁に擁立する動きを抑え込んだ。河本派を率いる河本敏夫《こうもととしお》も後継総裁に意欲を見せたが、小沢は河本ではなく、河本派の幹部だった海部を担いだ。総裁選では竹下派、中曽根派、河本派が海部を推し、宮澤派が林義郎、安倍派が石原慎太郎《いしはらしんたろう》をそれぞれ支援した。投票の結果、海部が勝利し、小沢が幹事長に起用された。

史上最年少の四七歳で幹事長に就いた小沢は高揚していた。就任直後、小沢は地元の岩手県水沢市に戻り、支持者らを前にあいさつした。私は、朝日新聞政治部の幹事長担当として同行取材した。普段は話が短いのだが、この時は珍しく饒舌だったのを覚えている。

小沢は、こう話した。

「政治の師である田中角栄元総理から『総理・総裁になるのは時の運だが、幹事長になる

のは実力を評価されてのことだ』と言われたことがある」（星、二〇一九）

†「ワーストワン」の指摘

小沢は幹事長就任直後から、衆院の解散・総選挙のタイミングを狙っていた。側近だった熊谷弘《くまがいひろし》副幹事長に財界からの政治献金集めを指示。自民党の選挙担当スタッフには選挙情勢調査を進めさせた。小沢は年末の予算案編成を経て、年明けの通常国会召集冒頭に解散に踏み切るのが有利と判断していた。八九年一一月半ば、私は海部や小沢の周辺情報を集め、年明けの「一月解散、二月総選挙」の公算が大きいという記事を書いた。朝日新聞の一面トップを飾った記事に対して、小沢が否定しなかったことから、他の新聞やテレビも報じ、解散・総選挙の流れができた。

九〇年二月の総選挙の投票結果では、自民党が二七五議席（追加公認含め二八六議席）を確保。前回総選挙よりは一八議席減ったが、安定多数を維持した。小沢幹事長は、リクルート事件や消費税導入で吹き荒れていた自民党への逆風をしのいだ。

安定軌道に乗った海部政権だが、九〇年八月、イラクがクウェートに侵攻し、国際社会が動揺した。米ブッシュ政権が多国籍軍を結成して、九一年一月にイラク軍をクウェートから押し返した。湾岸戦争である。海部政権は米国の要請を受けて自衛隊派遣などを検討。小沢幹事長の主導で自衛隊派遣が可能になる国連平和協力法案を取りまとめた。しかし、野党の追及を受けて国会審議が紛糾。同法案は廃案となった。

小沢は同法案審議の過程で公明、民社両党との連携を探った。その経緯もあって、小沢は九一年四月の東京都知事選で公明、民社両党と元ＮＨＫキャスターの磯村尚徳《いそむらひさのり》を擁立したが、現職の鈴木俊一《すずきしゅんいち》に惨敗。小沢はその責任を取る形で幹事長を辞任した。後任の幹事長には、同じ竹下派の小渕恵三元官房長官が就任した。

小沢は自民党で選挙を担当する総務局長などを歴任。全国各地の選挙情勢に詳しいことで知られていた。だが、その小沢が都知事選という大きな選挙で敗れるという皮肉な結果となった。

小沢は、幹事長の大きな任務である国会運営では、当時の社会党との話し合いを拒むなど強引な手法が目立ち、野党側からたびたび批判された。小沢は、自民党の組織運営でも会議を突然欠席することも多く、党のスタッフに日程を明かさないなどの秘密主義も批判された。

幹事長室の職員だった奥島貞雄は、小沢の行状を詳細に指摘したうえで、「ワーストワンの幹事長」はだれかと聞かれれば、躊躇なく「小沢一郎」を挙げると書いている（奥島、二〇〇五）。幹事長退任後に自民党分裂を仕掛け、自民党を下野させた小沢に対して、奥島が批判的なのは当然だろう。

幹事長を辞任した後も、小沢は政局の中心にいた。九二年夏、竹下派の会長を務めていた金丸信《かねまるしん》が東京佐川急便から五億円の資金提供を受けていたことが判明。この時は政治資金規正法違反で二〇万円の罰金で済んだが、金丸は竹下派会長の辞任に追い込まれた。後継会長をめぐって小沢の推す羽田孜元農水相と、竹下が推す小渕恵三元官房長官の両勢力が対立。最終的には小渕が後継会長に選出され、小沢、羽田らは独自グループを結成し、「羽田派」を名乗った。その後、金丸にはゼネコンから巨額の裏金が渡っていたことが分かり、東京地検特捜部は九三年三月、金丸を約五〇億円の脱税容疑で逮捕した。

金丸逮捕を受けて、小沢は「政治改革」を主張。自民党の金権腐敗体質を改めるには、衆院の中選挙区制を改め、小選挙区制を導入する必要があるというのだ。財界や学会でも「小選挙区推進論」が高まった。当時の宮澤喜一首相は政治改革に理解を示しながらも、小沢の政敵だった梶山静六幹事長らが小選挙区制に慎重だったことから、自民党内の議論が進まなかった。

九三年六月一八日、社会党は宮澤内閣不信任案を提出。小沢や羽田ら自民党羽田派の三四人は全員が賛成、石破茂《いしばしげる》らも同調した。不信任案は賛成二五五票、賛成二二〇票で可決。宮澤首相は衆院解散・総選挙に踏み切った。小沢らは自民党を離党し、新生党を結成した。不信任には反対したが政治改革を訴える武村正義《たけむらまさよし》、鳩山由紀夫《はとやまゆきお》らも離党し、新党さきがけを結成した。

総選挙（定数五一一）の結果は自民党二二三▽社会党七〇▽新生党五五▽公明党五一▽日本新党三五▽民社党一五▽共産党一五▽新党さきがけ一三▽社民連四▽無所属三〇だった。小沢は自らの新生党をはじめ、社会、公明、日本新、民社、さきがけ、社民連の各党による非自民連立政権をめざし、日本新党の細川護熙《ほそかわもりひろ》代表を首相候補とした。自民党は宮澤総裁の後継に河野洋平《こうのようへい》を選んだが、衆院本会議での首相指名では細川が多数を占め、細川首相の下で非自民連立政権が誕生した。自民党は結党から三八年目にして初めて下野した。小沢は自民党幹事長を辞任して二年余で自民党を野党に追い落としたのである。

小沢はさらに新進党、自由党で幹事長や党首を務め、自民党と対抗した。二〇〇三年には菅直人代表の民主党と小沢党首の自由党が合併。新しい民主党がスタートした。小沢は後に民主党の幹事長も務め、自民党と対決した。

†表舞台より裏方が適役

森喜朗も自民党幹事長の経験者だ。森は石川県出身。父親は町長を長く務めた。早稲田大学では雄弁会に所属。産経新聞勤務などを経て、一九六九年に衆院初当選。福田赳夫が率いる福田派に所属し、田中と福田が対立し続けた「角福戦争《かくふくせんそう》」では福田陣営の若手として走り回った。

森が最初に幹事長に就いたのは九三年に自民党が初めて下野した時で、河野洋平総裁を支えた。森は、野党幹事長の悲哀について、こう語っている。

「毎日、離党届を受け取るのが幹事長の仕事のようなありさまだった。官僚の自民党への対応も冷淡になった。それまで局長が説明に来ていた案件は課長が来るようになった。課長が来ていた案件は課長補佐に格下げしてきた。陳情客の足もぱったり途絶え、自民党本部は閑散としていた」（森、二〇一三）

河野と森は九四年、苦境を打開するため、当時の村山富市・社会党委員長を首相に担ぐという奇策に出て、自民党は与党に復帰した。森は与党・自民党の幹事長となった。しかし、九五年に河野が自民党総裁選への出馬を断念して橋本龍太郎が総裁に就くと、幹事長は森から加藤紘一に交代となった。

森は九八年には小渕恵三首相の下で再び幹事長に就任。自民党と小沢が率いていた自由党、公明党との連立づくりなどに奔走した。小渕が病気で倒れると、青木《あおき》幹雄《みきお》官房長官、野中広務幹事長代理らと後継選びを協議。森自身が後継総裁・首相となる流れができた。森、青木ら五人が後継問題を話し合ったことは「五人組の密室協議」との批判を招き、森政権は発足早々から、世論の厳しい視線を浴びていた。森政権は二〇〇〇年の衆院解散・総選挙を勝ち抜いた。ただ、その後に「加藤の乱」で内閣不信任案可決の瀬戸際にまで追い込まれた。九一年の参院選を控えて自民党内では「森降ろし」が吹き荒れ、森は首相在任一年で退陣に追い込まれた（森、二〇一三）。

森は自民党の総務会長、政調会長も経験している。幹事長と合わせて「三役」を務めた政治家は珍しい。ただ、森は幹事長として総選挙を仕切ったことはなく、「名幹事長」の条件は満たしていない。森は首相退陣後、出身の派閥「清和政策研究会」（清和会《せいわかい》）を束ね、同派出身の小泉純一郎、安倍晋三、福田《ふくだ》康夫《やすお》各政権を支えた。さらに第二次安倍政権で清和会は勢力を拡大。衆参で一〇〇人規模の国会議員を擁する最大派閥となり、森は二〇一二年の政界引退後も影響力を維持した。二〇一四年には東京五輪・パラリンピック組織委員会の会長に就任。二〇年に予定された東京五輪に向けた準備を進めた。東京五輪は新型コロナウイルスの感染拡大のため二一年夏に延期された中で、森は二一年二月、日本オリンピック委員会（JOC）の臨時評議員会で「女性がたくさん入っている理事会の会議は時間がかかる」と発言。これが女性蔑視だと批判され、森は組織委員会会長の辞任に追い込まれた。森は準備してきた東京五輪を会長として迎えることができなかった。後任には橋本聖子参院議員が就任した。森は、首相や幹事長、組織委員会会長などとして表舞台で活動するより、裏方として動く方が適役と言えることが、この失言でも証明されたことになる。

二三年秋に発覚した自民党安倍派を中心とする裏金事件では、森がこの派閥の会長を務めていた時から常態化していたという指摘が出たが、森が記者会見などで明確な説明をすることはなかった。

4　在任期間最長、二階俊博の強み

幹事長在任期間一八八五日という最長記録を持つのが二階俊博だ。

†自民離党、一〇年後に復党

二階の政治人生は波乱万丈だ。和歌山県出身、大学卒業後に衆院議員秘書を経て和歌山県議。一九八三年の総選挙で初当選、自民党田中派に所属した。竹下登が反田中勢力を集めた創政会に参加して竹下派結成に尽力。竹下派の分裂・抗争では、小沢一郎に加勢した。当時、朝日新聞政治部の記者として竹下派を担当していた私は、二階を取材したが、深夜零時を過ぎても議員宿舎に戻らないことが多かった。ある時、午前一時過ぎに帰宅した二階に話を聞くと、竹下派内の情勢を詳細に説明してくれた。ただ、すでに朝刊の締め切り時間が過ぎていた。二階は新聞の事情を知ったうえで話していたのだ。一見、茫洋《ぼうよう》とした風情がある二階だが、したたかな計算を忘れない政治家である。

二階は九三年には、政治改革を訴えて小沢とともに自民党を離党、新生党結成に加わった。非自民の細川護熙連立政権発足に尽力。連立政権崩壊の後は、新進党、自由党と小沢と行動を共にした。自由党が自民党と連立を組んだ小渕恵三内閣では運輸相（現国土交通相）として初入閣した。その後、小沢は連立を離脱するが、二階は連立に残って保守党を結成した後、二〇〇三年、一〇年ぶりに自民党に復党する。

†最年長の幹事長就任

自民党では自前の派閥、二階派（志帥会《しすいかい》）を結成。第二次安倍晋三政権下で国会対策委員長、総務会長などを歴任した。一六年、谷垣禎一幹事長が自転車事故で大けがを負ったため、その後任として幹事長に起用された。自民党を離党して復党した政治家が派閥を率い、幹事長まで務めるという異例の人事である。七七歳という最年長の幹事長であった。最年少記録の田中角栄、小沢一郎の四七歳に比べ三〇歳も年長である。

二階が幹事長として采配を振るった一七年の総選挙（定数四六五）では、二八五議席を獲得して圧勝。これによって二階は安倍の信頼を集め、党内基盤を固めた。二階は菅義偉《すがよしひで》官房長官、森山裕《もりやまひろし》国対委員長と連携を強化し、安倍政権を支えた。一九年八月、二階の幹事長在任は一〇九六日に達し、連続記録としてはそれまで最長だった前尾繁三郎《まえおしげさぶろう》を抜いた。二〇年九月、二階の在任は一四九八日となり、通算在任期間では田中角栄（二期）を抜き、歴代最長となった。二階は、安倍首相が新型コロナウイルスの感染拡大への対応に行き詰って菅が後継総裁・首相になった後も幹事長を続投。菅政権では菅首相、二階幹事長、森山国対委員長という中枢を占め続けた。

菅首相もコロナ対応に翻弄され、二一年一〇月、政権発足から一年で退陣。後継の岸田文雄総裁・首相は総裁選で「党役員の在任は三年以内とする」ことを公約に掲げていた。長期に及んだ二階を念頭に置いたもので、岸田政権発足に伴い、二階も幹事長を降りた。在任は一八八五日に及んだ。その記録は当面は破られそうにない。

二階幹事長の強さの秘密は何か。二階は高齢で幹事長に就いたという事情もあって、首相をめざさない幹事長だった。一方で、自民党内の各派閥や連立相手の公明党などへの配慮を欠かさないのが「二階流」だった。安倍首相と刺し違えてでも自民党内や公明党の意向を通す「すごみ」があるので、安倍も二階の考えを尊重せざるを得ない。それがさらに自民党内や公明党での信頼感を増すという構図になっている。二階が幹事長としての最長不倒記録を樹立した理由でもある。

二階は、運輸相を経験したこともあって、観光や交通関係の業界に影響力を持っていた。中国や韓国に対しても、観光や交通関係の業界を通じてパイプを築いてきた。安倍政権下で中国や韓国との関係が悪化した時も、「二階パイプ」で中韓両国との関係改善が動き始めたこともあった。保守派からは「媚中派《びちゅうは》」「媚韓派《びかんは》」との批判も浴びたが、二階は意に介さなかった。様々な点で「異色の幹事長」だったことは間違いない。

二階には、政治とカネをめぐる疑惑もつきまとった。二階が指揮をとった二〇一九年の参院選の広島選挙区（改選数二）では、河井克行《かわいかつゆき》衆院議員の妻・案里《あんり》が自民党公認の新顔候補となった。自民党には現職で岸田派の溝手顕正《みぞてけんせい》も立候補。立憲民主党の現職・森本真治《もりもとしんじ》と三人で二議席を争う激戦区となった。河井は当時の安倍晋三首相や菅義偉官房長官の支援を受けていた。結果は河井、森本が当選し、溝手が落選した。しかし、河井陣営に選挙違反（買収）容疑が次々と発覚。自民党本部から河井陣営に多額の選挙資金が提供されていたことが分かった。二階が幹事長として資金配分にどうかかわったか。国会で野党側が追及したが、真相は明らかにならなかった。

二〇二三年秋、自民党派閥の政治資金パーティーにからむ裏金問題が発覚。国会で追及され、大きな政治問題となった。とりわけ安倍派では、いったん派閥に収められたパーティー券購入代金が所属議員にキックバックされながら、政治資金収支報告書に記載しない慣習が二〇年間にもわたって続いていたことが明らかになった。二階も二階派から五年間で約三五〇〇万円のキックバックを受けながら記載していないことが判明。二階の秘書と二階派の会計責任者が政治資金規正法違反（不記載）の容疑で立件された。二階はその責任をとり、二〇二三年三月、次の総選挙には立候補しないことを表明。引退することとなった。和歌山県議から自民党田中派の衆院議員となってから約四〇年間、波乱の政治人生だった。

†政策活動費の闇

自民党派閥の裏金問題のさなか、安倍派の議員の中には「党本部からの政策活動費だと思い、収支報告書に記載しなかった」と証言する人もいた。そのため、「政策活動費」の実態が注目された。二階が幹事長在職中には毎年約一〇億円、五年間で計約五〇億円の「政策活動費」が自民党から支出され、その使途などが問題視されている。

政策活動費は、政治資金規正法に明記されているわけではない。同法では、企業や政治団体などから政治家個人への寄付が禁じられているが、政党から政治家個人への寄付は例外的に認められており、それが政策活動費と呼ばれている。政治家は受け取っても、原則として収支報告書に記載する必要はなく、領収書の保管も義務付けられていない。自民党では幹事長をはじめ政調会長、国会対策委員長らに支出されているが、幹事長分が圧倒的に多い。自民党だけではなく立憲民主党なども活用していたが、金額はけた違いである。

さらに立憲民主党は二〇二二年、岡田克也が幹事長に就任して「領収書が不要という不明朗な支出はやめるべきだ」と主張し、党として廃止を決めている。

幹事長にとって、毎年一〇億円規模の「自由に使えるカネ」があることになり、それが幹事長の力の源泉になっているのだが、不明朗なカネであり、早急に見直しが必要だ。幹事長とカネの詳細については後述する。

†幹事長の日々

自民党幹事長は、日本で最も忙しいポストの一つと言ってもよいだろう。人によって差はあるが、平均的な幹事長の日々をたどってみよう。

東京・永田町にある自民党本部。その四階の奥に幹事長室がある。幹事長室のスタッフや秘書があわただしく働いている。幹事長がSP（警護官）とともに到着すると、その日の仕事が始まる。まず、幹事長代行や幹事長代理、副幹事長らと情報交換。そして、次々と会議が続く。

月曜には首相・総裁、主要閣僚らが出席する政府・与党の連絡会議があり、当面の課題について意見交換する。終了後には幹事長が会議の内容を記者団に説明。質問にも答える。「オフレコ」を条件に記者団の取材に応じ、「自民党首脳」の発言として報じられる場合もある。

火曜と金曜には自民党の役員会と総務会が開かれ、政策課題や国会対策などを議論する。総務会は「党大会に代わる意思決定機関」と位置付けられている。自民党の方針だけでなく、政府提出の予算案や法案を最終的に了承する機関だ。

自民党では、池田勇人《いけだはやと》政権の一九六二年、当時の赤城宗徳《あかぎむねのり》総務会長と大平正芳官房長官が合意文書を交わし、政府が法案を提出する際には総務会の了承を得ることを確認している。「事前審査」と呼ばれる制度だ。これが、政策決定の際に内閣に対して自民党の優位性を定めた枠組みとなった。閣僚や副大臣、政務官には政策決定に絡んで関係者から現金を受け取ったりすれば、職務権限があるから収賄に問われる可能性があるが、自民党議員には直接的な職務権限がないため、収賄には問われにくい。その点で、「事前審査」の権限を使えば、自民党が関係業界から資金を集めやすくなる。「事前審査」は自民党の玉手箱になったのである（星、二〇〇五）。

総務会は総務会長が取り仕切る。全会一致の決定を原則としており、法案などについての議論が紛糾し、最終的には反対の議員が退席して「全会一致」の形をとる時もある。総務会のメンバーは党執行部が選任する議員と地域ごとに選ばれる議員で構成される。ベテランのうるさ型議員が多く、幹事長が批判の矢面《やおもて》に立たされる場面もある。そこをどう乗り切るか、幹事長の腕の見せ所でもある。

自民党は、小渕恵三政権の一九九九年、公明党と連立で合意。自公連立が続いている（ただし、自公が野党だった二〇〇九年から一二年にかけては「連立」ではなかった）。両党の連絡調整の場として幹事長・国対委員長会談（通称「二《に》幹二《かんに》国《こく》」）が設けられており、週に一度のペースで開かれ、政策や国会対策について両党の意見をすり合わせる。

自民党内からは重要政策について政務調査会長から報告を受けたり、国会対策について国対委員長から報告を受けたりする。選挙対策委員長からは、各種の選挙情勢について説明が入る。各省庁からも重要政策に関する「レク」と呼ばれる説明が相次ぐ。財務省や外務省は週に一度くらいの頻度で定期的に事務次官が訪れ、財政状況や税収、国際情勢などについて最新の資料を基に説明する。業界団体、地方の首長らの陳情も途切れることがない。

こうした「公務」とは別に、所属派閥などの「私的」な会合も続く。自民党はリクルート事件などを受けて一九八九年に制定した「政治改革大綱」で、首相や閣僚、幹事長など党役員の派閥離脱を定めたが、次第に空文化してきた。二〇二一年に首相に就任した岸田文雄は岸田派（宏池会）会長を続け、毎週木曜日に開催される派閥総会にもしばしば出席していた。二〇二三年に発覚した派閥パーティーの裏金問題を機に、岸田首相は派閥を離脱し、さらに宏池会の解散を打ち出したが、麻生太郎《あそうたろう》副総裁や茂木敏充幹事長は自ら率いる麻生派や茂木派を存続させた。その後、茂木幹事長は茂木派の解散を決めた。

ちなみに、自民党各派閥が毎週木曜日の昼食時に同時に総会を開催してきた。これは、派閥の「掛け持ち」をさせないために続けているもので、議員の所属を明確にさせる「派閥」の意味を象徴する風景である。

茂木のように幹事長が派閥会長を務めていた場合は、総会に出席するだけでなく、派閥の幹部会や研修会など各種の会合にも出席しなければならない。派閥の中堅議員からは閣僚や国会の常任委員長ポストの希望を聞いたり、若手議員からは選挙区の事情を聞いたりといった「閥務」が相次ぐ。

幹事長にとっては朝、昼、晩の会食も仕事の場だ。朝食会は財界人や在京の外交官らが相手となるケースが多い。昼食は政治家同士が国会周辺で集まるものが多い。夕食はさまざまだ。政治家、財界人、官僚、学者、マスコミ関係者などと料亭やレストランなどで会食する。人によっては二、三カ月先のスケジュールまで埋まっている幹事長もいる。一晩に二、三カ所の会食をこなす幹事長も少なくない。

そして、メディアの取材対応もある。新聞やテレビ、通信社などには「幹事長番記者」がいて、計一〇人ほどが常時、密着マークしている。それ以外でも、以前の閣僚や党役員だったころに担当だった記者や経済・外交などの専門記者らから取材を受けることが多い。週刊誌や月刊誌、外国メディアからのインタビュー申し込みも多い。幹事長の対応は、人によってさまざまだ。例えば、小沢一郎幹事長（一九八九～九一年）は東京・深沢《ふかさわ》にある自宅周辺で早朝に散歩するのが日課だった。番記者は一緒に歩いてあれこれ質問し、本音を引き出そうとする。加藤紘一幹事長は、立ち話での取材は好まず、自民党本部の幹事長室で政策や選挙情勢などをじっくり話すタイプだった。小渕恵三幹事長は、政治家だけでなくメディア関係者にも、得意の「ブッチホン」をかけて情報収集していた。

月曜から金曜までは上記のようなスケジュールがぎっしり詰まっている。週末は自民党の都道府県連の会合や中堅・若手議員の後援会の会合などに招かれる。それぞれの地方議員や経営者らとも意見交換の場が持たれる。その合間に、自分の選挙区にも戻って支持者と交流しなければならない。幹事長に休む暇はない。

†幹事長にならなかった政治家

幹事長を経験しなかった有力政治家も多い。

例えば宮澤喜一は、外交や経済などの政策通で知られる。所属する派閥・宏池会でも早くから会長候補・首相候補と目されていた。大蔵省（現財務省）の官僚だった宮澤は、宏池会創設者の池田勇人が蔵相の時に秘書官を務め、池田政権（一九六〇～六四年）を支えた。鈴木《すずき》善幸《ぜんこう》政権（一九八〇～八二年）では官房長官を務め、政策決定の中心的な役割を務めた。宮澤は自民党内の派閥力学には関心が薄く、選挙情勢にも疎かったので、幹事長には不向きと目されていた。

それでも宮澤が幹事長ポストに意欲を見せたことがある。中曽根康弘政権（一九八二～八七年）当時の一九八三年の組閣・党役員人事をめぐり、宏池会で宮澤のライバルだった田《た》中六助《なかろくすけ》が幹事長に有力視された時だ。宮澤は宏池会会長だった鈴木善幸とともに「田中幹事長」に反対したが、中曽根は田中の行動力を評価し、幹事長に起用した。宮澤にとっては「屈辱的な人事」だった。

宮澤はポスト中曽根を決める総裁選では竹下登に敗れたが、その後、宇野宗佑、海部俊樹両政権を経て一九九一年に念願の総裁・首相の座をつかんだ。

小泉純一郎も幹事長には不向きと言われた政治家だ。自民党は月曜から金曜まで連日、朝八時から政務調査会の部会や調査会の会合が開かれるが、小泉は若手議員だったころから、その種の会合にはあまり関心を示さなかった。福田赳夫、森喜朗らが領袖《りょうしゅう》だった派閥「清和政策研究会（清和会）」に所属していたが、派閥の活動にもあまり熱心ではなかった。選挙実務に関わったこともなく、若手らの面倒を見ることもなかった。群れることを嫌い、「一匹狼」と呼ばれていた。だから、幹事長だけでなく政調会長や国対委員長など党の主要ポストにも就いていない。そういう意味でも特異なタイプの政治家である。

菅義偉は幹事長への意欲を持っていたが、果たせなかった。菅は自民党で選挙対策を仕切った経験もあり、各種の選挙情勢に詳しかった。第一次安倍晋三政権（二〇〇六～〇七年）では、選挙実務を所管する総務相を務めた。ただ、七年八カ月に及んだ第二次安倍政権（二〇一二～二〇二〇年）では官房長官を続け、途中で幹事長に転出する動きもあったが、安倍首相の強い意向で官房長官にとどまった。菅は官房長官在任中、日本維新の会の橋下《はしもと》徹《とおる》・大阪府知事や松井《まつい》一郎《いちろう》・大阪市長とのパイプを築く一方で、公明党の支持母体である創価学会幹部とも情報交換を重ねた。菅が幹事長に就けば、こうした人間関係を使って国会対策や選挙対策が進められただろう。安倍首相にとっては、そうした菅の動きを警戒し、官房長官にとどめたという見方もできる。二〇二〇年に安倍が退陣した後の総裁選で菅は勝利し、首相に就任したため、幹事長に就くチャンスは訪れなかった。

岸田文雄も幹事長には就けなかった。第二次安倍政権の発足から約五年間は外相を務め、その後に幹事長ポストを希望していたが、安倍首相は二階俊博幹事長を続投させ、岸田は政調会長に就いた。このころから岸田と二階との関係は悪化した。ポスト安倍を選ぶ二〇二〇年の総裁選で二階は菅官房長官を支援し、菅が勝利。岸田は完敗し、岸田が率いてきた宏池会からも「岸田は終わった」という声が聞かれた。

しかし、菅政権は新型コロナウイルスの感染拡大対策などで行き詰まり、一年で終幕。総裁選では、岸田が在任五年余りの二階幹事長を念頭に「党幹部の在任は三年を限度とする」方針を表明。菅や二階らが推す河野《こうの》太郎《たろう》らを破って勝ち抜いた。この総裁選で岸田は、自ら書き続けてきたという青い手帳を掲げ、「聞く力」をアピールした。安倍、菅政権が「強権的」と批判されてきたのに対して、独自色を打ち出す狙いがあった。岸田は幹事長ポストは逃したものの、二階との確執を経て念願の総裁・首相にたどり着いた。

†歴史としての自民党幹事長

自民党の幹事長がどんな活躍をして、どんな政策や主張を繰り広げたか。それは、各幹事長が活躍した時代を映し出してもいる。

佐藤栄作政権（一九六四〜七二年）で二度の幹事長を務めた田中角栄は、日本の高度経済成長を牽引した。霞が関の官僚や経済界首脳と歩調を合わせて、経済成長のための政策をまとめた。その体制は「政官財の鉄の三角形」と呼ばれていた。田中は、日本全国に新幹線や高速道路を張り巡らせる「日本列島改造論」を掲げて、ポスト佐藤の総裁選で勝利。首相の座をつかんだ。首相を退陣した後にロッキード事件で逮捕されたが、最大派閥・田中派を率いて政界に隠然たる影響力を維持した。田中ウォッチャーである政治記者・早野透は、田中について「上り列車の時代」を生きた政治家と述べていた。

海部俊樹政権（一九八九〜九一年）で幹事長を務めた小沢一郎は、湾岸戦争を受けて自衛隊を海外に派遣する枠組み作りに奔走。関連法案は国会で審議未了・廃案となったが、小沢はのちにまとめた著書『日本改造計画』（小沢、一九九三）で経済大国となった日本は、自衛隊の海外派遣による国際貢献を進めていく「普通の国」になるべきだと主張。政府による規制を大胆に緩和すべきだとも力説した。高度成長に限界が見えてきた日本の「改革」を模索する動きといえるだろう。小沢は、経済政策や安全保障問題をめぐって、米国のアマコスト駐日大使から直接、要望を聞いていた。幹事長の対応としては極めて異例だった。

橋本龍太郎政権(一九九六~九八年)で幹事長を務めた加藤紘一は「リベラル派の旗手」と言われ、社民党、新党さきがけとの「自社さ」連立政治を主導した。NPO(非営利組織)に対する税の優遇措置などを推進。自民党は保守勢力だけでなく市民団体などにも支持基盤を広げる必要があると唱えた。時代に合わせた新しい自民党像を模索した幹事長だった。

加藤は二〇〇〇年に、加藤派の若手議員らを糾合して、森喜朗内閣不信任案に同調する動きを見せた(加藤の乱)が、野中広務幹事長らに制圧され失脚した。代わって力をつけてくるのが、加藤の対極にある保守派の安倍晋三である。安倍は小泉純一郎政権(二〇〇一~〇六年)で、〇三年に官房副長官から幹事長に抜擢された。安倍幹事長は、加藤に代表されるリベラル派の主導から保守派主導に揺れ戻した自民党の実像を表している。安倍幹事長は、〇四年の参院選で岡田克也代表の民主党に惜敗した責任を取って幹事長代理に降格されたが、ポスト小泉を争う〇六年の総裁選で勝利し、首相に上り詰めた。

第２章

歴代幹事長を振り返る

自民党は一九五五年一一月に結党された。左派社会党と右派社会党が統一し、社会党としてスタートしたことに危機感を募らせた保守勢力の自由党と民主党が合同する形だった。これによって、自民党対社会党という「五五年体制」が始まる。当時、世界は米国とソ連が対抗する東西冷戦の真っただ中。それに対応する、まさに「日本版冷戦構造」であった。その自民党を束ねてきたのが幹事長だ。初代の岸信介から五五代の茂木敏充まで計四三人。二度務めたのは三木武夫、川島正次郎、福田赳夫、田中角栄、二階堂進、森喜朗、麻生太郎の七人。四三人のうち首相にたどり着いたのは岸、田中、三木、福田ら一二人だ。歴代の幹事長を振り返ってみよう。

1　岸から田中まで

①岸信介（一九五五年一一月～五六年一二月）

自民党の初代幹事長は岸信介だ（見出しの丸数字は幹事長の代数を表す。以下同）。自民党と民主党の保守合同でスタートした自民党。当初は総裁を置かず、四人の代行委員（民主党の鳩山一郎、岸信介、自由党の三木武吉《みきぶきち》、大野伴睦《おおのばんぼく》）が設けられた。首相には鳩山が就き、岸は党務を取り仕切ることになった。

岸は「私の〝幹事長〟は当たり前のことのように決まった」と語っている（原彬久《はらよしひさ》、一九九五）。自信満々の幹事長就任だった。

岸は商工省の官僚出身。戦前の満州（中国東北部）で開発計画づくりなどを進めたほか、商工大臣なども歴任。東条英機内閣が太平洋戦争の開戦を決めた時の閣僚だったことから、敗戦後の極東国際軍事裁判（東京裁判）でA級戦犯被疑者として三年半、拘留されたが、不起訴のまま釈放された。五二年に自由党から衆院議員に初当選。その後、民主党に移り、鳩山首相を支えた。

岸の娘婿は安倍晋太郎で、外相などを務めた後、八七年に幹事長に就いている。晋太郎の息子が晋三で、二〇〇三年に幹事長に就任。岸～安倍の計三代にわたって幹事長を務めたことになる。

岸は五六年の総裁選に出馬するが、石橋湛山《いしばしたんざん》に敗れる。総裁選の第一回投票では岸が一位だったが、過半数は取れなかった。二位の石橋と三位の石井光次郎《いしいみつじろう》が「二・三位連合」を組み、決選投票では石橋が岸を抑えて新総裁・首相に就いた。ただ、石橋は病気のために二カ月で首相を退くと、岸は総裁・首相に就く。

三木武夫

㉓三木武夫（五六年一二月～五七年七月）

三木《みき》武夫《たけお》は石橋総裁・首相の下で二代目の幹事長に就任。石橋が在任二カ月で退陣した後も、岸の下で幹事長を続投した。ただ岸は「世の中で一番嫌いなのは三木だ。陰険だよ」（原、一九九五）と言っていた。

三木は一九〇七年、徳島県生まれ。明治大学で学んだ後、米国などで学び、三七年の総選挙で初当選。大政翼賛会《たいせいよくさんかい》から非推薦になったこともあるが、太平洋戦争には賛同し、敗戦を迎えた。戦後も衆院議員を続け、五五年の自民党結成に参加。岸に対抗して石橋政権の誕生に貢献した。岸と石橋との不仲は明らかだったが、岸は政権の継続性を保つため、暫定的に三木幹事長を続投させた。岸は五七年七月の内閣改造・党役員人事で三木を党三役から外す考えだったが、党内バランスから政調会長に横滑りさせることになる。

三木は、田中角栄が首相を退陣した七四年には自民党総裁・首相に上り詰める。政局の荒波を生き抜いた三木は、そのしたたかさから「バルカン政治家」と呼ばれた。

④川島正次郎（五七年七月〜五九年一月）

岸首相は自身の派閥の幹部だった川島正次郎《かわしましょうじろう》を三代目の幹事長に起用。川島は国会対策や選挙準備を進め、五八年四月の衆院解散を迎える。五月の総選挙で自民党は大勝。定数（四六七）のうち、自民党は二八七議席を獲得、追加公認を含めて二九八議席となった。社会党は一六六議席（追加公認含めて一六七議席）だった。自民党対社会党という五五年体制が固まった総選挙だった。川島は総選挙後も続投。岸がめざす日米安保条約の改定に向けた党内調整などを進めた。ただ、岸が提起した警察官職務執行法改正案が「戦前の警察国家への回帰をはかるものだ」という批判を浴びて、国会は混乱。五九年一月の党役員人事で、川島は国会混乱の責任を取る形で交代させられた。

⑤福田赳夫（五九年一月〜五九年六月）

川島幹事長の後任に起用されたのが、当時、衆院当選四回だった福田赳夫である。福田は一九〇五年、群馬県生まれ。一高、東大から大蔵省（現財務省）に入り、主計局長を経て五二年に衆院初当選。岸に重用され、政調会長から幹事長に抜擢された。それでも、五九年六月の参院選後の内閣改造・党役員人事で岸は幹事長を福田から川島に交代させ、福田は農相に横滑りした。

　福田は佐藤栄作政権下の六六年にも幹事長に起用され、二年間務めている。福田は自民党と内閣で豊富な経験を積み、「たたきあげ」として力をつけてきた田中角栄との確執を強めていく。田中対福田の「角福戦争」は、まず「ポスト佐藤」を争う七二年の総裁選で、田中が勝利。

福田赳夫

その後、田中首相が金脈問題で退陣した後の三木武夫政権を経て七六年には、福田が総裁・首相にたどり着いた。福田は続投を狙った七八年の総裁選で、田中が全面支援した大平正芳幹事長に敗れる。角福戦争は七〇年代から八〇年代半ばまで日本政治の底流となっていく。

⑥川島正次郎（五九年六月～六〇年七月）

　岸首相は川島正次郎を二度目の幹事長として起用。安保条約改定（外部からの武力攻撃に対して米軍が日本を防衛する義務を負い、日本の施政権下にある領域内で米軍が攻撃を受けた場合、防衛する義務を日本が負う。また極東の平和と安定に脅威が生じた場合、日米が協議を行うことなどを定めた）に向けた自民党内の調整と野党対策を任せた。しかし、野党側の反発は強まり、国会は混乱。条約改定は六〇年五月一九日に衆院で強行採決され、憲法の規定によって、一カ月後に参院で自然成立した。全国各地で安保改定反対のデモが巻き起こり、国会周辺のデモでは、東大の女子学生が死亡。岸政権に対する世論の批判が高まり、岸首相は辞任を表明した。川島幹事長も岸後継を選ぶ総裁選の調整をした後に辞任した。

⑦益谷秀次（六〇年七月〜六一年七月）

安保騒動で退陣した岸首相の後継には池田勇人が選ばれた（六〇年七月）。安保改定を強行した岸に代わって池田は「寛容と忍耐」をアピール。重点政策も安全保障から経済にシフトし、「所得倍増」を掲げた。自民党のペース・チェンジを世論は好感した。私は岸から池田への後退を含めて自民党の「三大ペース・チェンジ」と呼んでいる。他の二つは、金権批判で倒れた首相・田中角栄に代わって「クリーン」を標榜した三木武夫の登場（一九七四年）と、自民党の幹事長など三役を務め、永田町流の根回しにたけた首相・森喜朗に代わって「自民党をぶっ壊す」と叫んだ異端児・小泉純一郎の総裁・首相就任（二〇〇一年）である（星、二〇〇五）。

池田政権の低姿勢を代表する幹事長として起用された益谷秀次《ますたにしゅうじ》は、池田派の長老。益谷は一八八八年、石川県生まれ。衆院議長を務めた経験もある。当時の自民党内は、池田派に加え、退陣した岸が率いる岸派、佐藤栄作を担《かつ》ぐ佐藤派という官僚中心の派閥が主流派を形成。これに河野一郎や石井光次郎らの党人派が対抗していた。池田は、人格円満でベテランの益谷に、発足したばかりの政権の「重し役」を期待していたのだろう。池田は政権発足の勢いを駆って衆院の解散・総選挙に踏み切った（六〇年一〇月）。投票の結果、自民党は二九六議席を獲得（追加公認を含めて三〇〇議席）し圧勝。池田政権は順調な滑り出しとなった。岸から池田への局面転換は成功した。

⑧前尾繁三郎（六一年七月～六四年七月）

池田首相は六一年六月の訪米を終えて、内閣改造・自民党役員人事に踏み切った。幹事長には池田と同じ大蔵省出身で腹心の前尾繁三郎を起用した。政調会長は、岸派の福田赳夫から佐藤派の田中角栄に交代させた。

前尾は京都府出身。一高・東大を経て大蔵省に入った。福田は前尾の入省同期、池田は四期先輩にあたる。前尾は造幣局長などを経て四九年の総選挙で初当選。通商産業相などを歴任した。前尾は三年間、幹事長として池田首相を支え、所得倍増を軸とする経済政策を推進した。六三年一〇月の臨時国会で衆院が解散となった際、池田首相が国会の冒頭解散を狙ったのに対して、前尾は与野党の代表質問を行って争点を明確にしてから解散すべきだと主張。池田が受け入れたと言われている。「国権の最高機関」である国会を重視すべきだという前尾の筋論は、後の七三年に衆院議長に就任した際に生かされることになる。

この総選挙で自民党は二八三議席を獲得（追加公認を含め二九四議席）し、勢力を維持。前尾は幹事長としての責任を果たした。なお、前尾は政界きっての読書家として知られ、蔵書は和漢、洋書など計四万冊と言われた。

なお、この時期に自民党と政府との間で重要な合意が交わされている。「事前審査」と呼ばれる制度をめぐって、一九六二年二月二三日付で自民党の赤城宗徳総務会長から大平正芳官房長官に宛てて出された文書が、今も自民党本部に保管されている。内容はこうだ（原文のまま）。

「法案審議について　各法案提出の場合は閣議決定に先立って総務会に御連絡を願い度《た》い。尚《なお》政府提出の各法案については総務会に於《お》いて修正することもあり得るにつき御了解を願い度い」。

つまり、政府が法案を提出するのに先駆けて自民党が了承することを制度的に確立するというのだ。これによって政策づくりは自民党主導となり、そこを見越した業界団体などが自民党に政治献金をしたり、選挙の際の応援を約束したりする。業界団体などが、特定の政策に関連して閣僚らに陳情して資金提供すれば、職務権限に絡んで「贈収賄」につながることがあるが、自民党への献金なら罪に問われない可能性が大きい。事前審査制度は、自民党主導の政策決定につながると同時に、自民党の資金集めも容易にした。まさに、自民党の「玉手箱」となったのである（星、二〇〇五）。

⑨⑩三木武夫（六四年七月～六五年六月）

池田首相は六四年七月の総裁選で三選を果たし、内閣改造・自民党役員人事を行った。幹事長にはベテランの三木武夫を起用。三木は五六年に続いて二度目の幹事長だった。改造の直後、池田は喉に異常が見つかり、一〇月の東京オリンピックの開会式には出席したものの、閉会式直後に辞任を表明した。三木はポスト池田の総裁選びの党内調整に当たり、後継の総裁・首相には佐藤栄作が選ばれた。三木は総裁選でも佐藤を支持。その結果、佐藤政権でも幹事長を続投した。

⑪田中角栄（六五年六月〜六六年一二月）

佐藤首相は六五年の通常国会閉幕後に内閣改造・自民党役員人事に踏み切り、佐藤派幹部の田中角栄を三木の後任幹事長に起用した。前述したように、蔵相、党政調会長など経験した田中にとっては、待望の幹事長就任だった。幹事長就任について、田中がどう感じていたか。早野透はこう書いている。

「『政党人の最高のポストは幹事長だ』と角栄が語るのをしばしば聞いた。『総理大臣はこりごりだが、幹事長はまたやってもいいな』と語っていた角栄、あらゆる気配り目配りで段取りよく人心を収攬していく幹事長の役柄は、世話好きの角栄にふさわしかった」（早野、二〇一二）。

田中角栄

佐藤政権は、日韓国交正常化のための基本条約の批准・承認を急いでいた。国会対策の責任者である田中幹事長は、一〇月に召集された臨時国会で、社会党などが反対する中、強行採決に次ぐ強行採決で批准・承認にこぎつけた。前述したように、衆院の正副議長を引責辞任させて事態を収拾するという強引な国会運営だったが、田中にとっては、条約承認という実績を得たことは間違いない。

一方、六六年夏には「黒い霧」問題が佐藤政権を直撃する。自民党代議士の田中彰治《たなかしょうじ》が決算委員長の地位を利用して恐喝や詐欺を行ったという事件が発覚。参院では共和製糖事件が追及された。共和製糖に巨額の不正融資が行われ、その一部が自民党への献金になっていたという疑惑だ。自民党の長期政権がこうした不正につながっているというメディアの指摘も出て、佐藤政権批判につながった。佐藤は六六年一二月の総裁選で再選されたのを受けて、内閣・党執行部を刷新させるため、川島正次郎副総裁と田中幹事長を交代させ、田中の後任に福田赳夫蔵相を充てることにした。

⑫福田赳夫（六六年一二月～六八年一一月）

佐藤首相に蔵相から幹事長への横滑りを打診された福田赳夫は、のちにこう語っている。「いささか火中《かちゅう》の栗を拾う危険もないではなかったが、『平々凡々たる幹事長ならやらない。だが、党の危機が叫ばれるいま、首相から懇請されれば逃げ回ることはできない。第一それでは、赤城《あかぎ》の山ではないが任俠《にんきょう》の道に反する』と自分自身を励ました」（福田、一九九五）。

福田は五九年に続く二度目の幹事長就任。佐藤首相は、年末に召集された通常国会で衆院を解散、翌六七年一月に投票された。定数四八六のうち自民党は二七七議席（追加公認を含めて二八〇議席）を獲得、解散前より一議席減らしただけで善戦と受け止められた。

ただ、物価高や公害問題などをめぐって、自民党長期政権への不満はジリジリと募っていた。六七年四月の東京都知事選では、「ストップ・ザ佐藤」を掲げて社会党や共産党が推した経済学者の美濃部亮吉《みのべりょうきち》が自民党と民社党が推す候補を抑えて初当選した。福田幹事長は佐藤首相の後継を視野に党務に励み、自民党では大野伴睦、河野一郎ら佐藤首相のライバルが相次いで死去したこともあって、佐藤政権は長期に及んだ。

佐藤首相は六八年一一月に内閣改造・党役員人事に踏み切り、福田幹事長は蔵相に横滑りした。福田は蔵相として物価高騰対策に取り組んだことについて、こう振り返っている。「私は国際会議などで『いまや、私はファイナンス・ミニスター（大蔵大臣）ではない。ファイアマン（消防士）である』などと、軽口をたたいていた」（福田、一九九五）。

⑬田中角栄（六八年一一月〜七一年六月）

佐藤首相は、岸派の福田の後任に佐藤派の田中角栄を起用。田中にとっては二年ぶりの「復職」だった。福田、田中という「両雄」を競わせるのが「人事の佐藤」の妙味であり、それが七年八カ月におよぶ長期政権の秘訣だった。

田中は二度目の幹事長ポストをフルに活用して、自らの政治勢力をじわじわと拡大した。党運営の中では総務会長だった鈴木善幸と連携、政調会長から通産相に横滑りした大平正芳とも交流を深めていた。鈴木、大平は、池田、前尾が率いてきた宏池会の有力幹部でもあり、大平は七一年四月、前尾の後任の宏池会会長に就く。

佐藤首相は六九年一一月に訪米し、ニクソン大統領との首脳会談で沖縄返還について「核抜き本土並み」で合意、関連の条約を締結することになった。佐藤はその勢いで一二月に衆院を解散。田中は幹事長として全国を回り、フル回転した。投票の結果、自民党は二八八議席（追加公認を含めて三〇〇議席）を獲得、圧勝した。前述の通り、この総選挙では小沢一郎、羽田孜ら田中子飼いの新顔が多く当選。田中の党内基盤が強化されていった。

佐藤政権は、米国から繊維製品の輸出規制を迫られていたが、有効な対応ができなかった。公害問題の広がりに対する国民の不満も募っていた。七一年の統一地方選では、東京都知事選で社会、共産両党が推す美濃部亮吉知事の再選を許し、大阪府知事選でも自民党系の現職知事が社共の推す憲法学者の新顔に敗れた。

七一年六月、佐藤は内閣改造・党役員人事に踏み切り、田中幹事長の後任に保利茂《ほりしげる》を起用。態勢を立て直そうとするが、米国からの荒波が押し寄せる。ニクソン米大統領は七月、中国（中華人民共和国）との国交正常化をめざすと発表。中華民国（台湾）との国交は断絶されることになった。日米両国は、中華民国を「唯一の代表」としていたが、米国が日本の頭越しで中国との国交正常化に動いていたのである。さらに八月、ニクソン大統領は金・ドル兌換の停止を突然発表。これによって、急激なドル安・円高が進んだ。相次ぐニクソン・ショックは、佐藤政権の足元を揺さぶり、政局は「ポスト佐藤」に向けて動き始めた。

2　保利茂から竹下登まで

⑭保利茂（七一年六月〜七二年七月）

佐藤首相が幹事長に起用した保利茂《ほりしげる》は佐賀県出身。報知新聞や東京日日新聞（現毎日新聞）の記者などを経て政界入り。吉田茂《よしだしげる》と佐藤栄作の下で活躍し、労相、官房長官などを歴任した。佐藤退陣を受けた総裁選では、佐藤の意を受けて福田赳夫支持で動くが、福田は田中角栄に敗れた。七六年一二月に衆院議長に就任。七九年二月までの在任中、衆院解散について「解散権の恣意的乱用は好ましくない」として、重要な政策をめぐる与野党対立で国会が空転した場合などに限るべきだとする見解をまとめた。「公正な議会運営」は野党からも評価された。

⑮橋本登美三郎（七二年七月〜七四年一一月）

佐藤首相の後継者を選ぶ七二年七月の総裁選は、自民党の歴史に残る激しい政争だった。

第一回投票では田中角栄一五六票、福田赳夫一五〇票、大平正芳一〇一票、三木武夫六九票だった。決選投票では田中二八二票、福田一九〇票で、田中が圧勝した。

佐藤が後継者と考えていた福田は当初、本命視されていたが、田中が猛追。中曽根康弘の支持を取り付けるなど活発な多数派工作で福田を追い越した。その背景には、中国との国交正常化をめぐって、福田が佐藤政権の方針を引き継いで中華民国（台湾）との国交維持を掲げていたのに対して、田中は中国との国交正常化をめざしていたという事情がある。世論は「佐藤亜流」の福田ではなく、田中による「変化」を求めており、自民党がその「風」を受け止めたと言える。

田中首相は、幹事長に側近の橋本登《はしもとと》美《み》三郎《さぶろう》、総務会長には大平派の鈴木善幸、政調会長には中曽根派の櫻内義雄《さくらうちよしお》を起用した。外相には田中の盟友である大平正芳が就任。田中・大平体制で日中国交正常化に臨むことになった。

橋本は茨城県出身。朝日新聞記者、茨城県潮来《いたこ》町長などを経て政界入り。佐藤栄作の側近として運輸相、官房長官などを歴任。ポスト佐藤を争う総裁選では田中派幹部として田中の勝利に貢献した。

田中は七二年九月に訪中し、日中国交正常化をうたった共同声明に署名。一一月には衆院解散・総選挙に打って出た。「日中ブーム」で自民党に有利と見られていたが、自民党は、前回（六九年）の二八八議席（追加公認を含めて三〇〇議席）を下回る二七一議席（同二八四議席）にとどまり、社会党が一一八議席、共産党が三八議席などとなった。田中政権の勢いの反面、自民党の支持基盤が弱体化、多党化が進み始めていた。総選挙後の組閣・自民党役員人事で橋本は再任された。

田中が打ち出した「日本列島改造論」によって、土地投機が進んで地価が高騰。ほかの物価も上昇していた。七三年一〇月の第四次中東戦争で原油価格が急騰。日本でも「オイルショック」で物価が高騰し、トイレットペーパーなどの買いだめが発生した。

田中は七四年七月の参院選で政権の立て直しを図り、企業や団体に応援を依頼。「企業ぐるみ選挙」を展開。橋本も党組織をフル稼働させたが、自民党は六二議席（追加公認を含めて六三議席）にとどまり、六年前の六九議席を大きく下回った。橋本も幹事長として田中を支えたが、及ばなかった。選挙を受けて三木武夫副総理、福田赳夫蔵相が相次いで辞職、田中批判を強めた。さらに、『文藝春秋』七四年一一月号の「田中角栄研究」が田中の致命傷となった。信濃川河川敷の土地ころがしなど田中の資産形成の過程が詳細に報じられており、与野党から辞任を求める声が強まった。田中は一一月に辞任を表明。橋本も幹事長を辞任した。

橋本は一九七六年、ロッキード事件の全日空ルートで運輸相在任中に全日空幹部から五〇〇万円を受け取った容疑で東京地検特捜部に逮捕された。一審、二審で懲役二年六カ月、執行猶予三年の有罪判決を受け、上告中の一九九〇年に死去した。橋本の地盤は額賀福志郎《ぬかがふくしろう》が引き継ぎ、八三年に初当選。額賀は自民党政調会長、財務相などを歴任した後、二〇二三年に衆院議長に就任している。

⑯二階堂進（七四年一一月～七四年一二月）

田中首相の退陣表明から後継総裁の選出までの暫定幹事長に二階堂進《にかいどうすすむ》が就任している。七四年一二月に三木武夫総裁が選出され、三木政権が発足するのに伴って、二階堂は辞任。中曽根康弘に交代した。

⑰中曽根康弘（七四年一二月～七六年九月）

田中首相の退陣を受けて、自民党は混迷を深めた。後継総裁には、二年前の総裁選で田中に敗れた福田赳夫、田中の盟友の大平正芳、田中政権末期には「反田中」の姿勢を鮮明

中曽根康弘

にした三木武夫が名乗りを上げた。福田には田中派が抵抗、大平には福田派が反発していた。七四年一二月、椎名悦三郎副総裁が示した裁定案は「三木」だった。後日、自民党内で語られたのは、仮にこの場面で三木が後継総裁に指名されなければ、三木は自民党を出て、公明党や民社党と連携して首相をめざしていたのではないかという説である。自民党の内紛が政党を超えた再編につながりかねないという構図が、自民党結党以来、初めて浮かび上がったのである。

前述したように「金権田中」から「クリーン三木」への転換は六〇年安保騒動後の岸信介から池田勇人への転換に続く、自民党の大きな「ペース・チェンジ」であった。もっとも、三木の「クリーン」に対しては、自民党内からも異論があるのも確かだ（星、二〇〇五）。

三木は戦前の新興財閥・森コンツェルンの縁戚であり、七二年の総裁選では、「清廉《せいれん》」と言われていた福田赳夫ではなく、資金力を誇った田中角栄を支援した。政界を巧みに泳ぎ渡る「バルカン政治家」という評価もあった（南欧のバルカン半島ではユーゴスラビアなどの国々の興亡が続き、合従連衡が繰り返されたことから、権謀術数を駆使する政治家を言い表す言葉として使われた）。

発足した三木政権で幹事長に起用されたのも「政界風見鶏《せいかいかざみどり》」と言われた中曽根康弘だった。椎名裁定で三木総裁を指名した際、総裁と幹事長を同一の派閥から出さない「総幹分離」が申し合わされ、中曽根が念願のポストを射止めた。

中曽根は群馬県出身。東大卒後、海軍を経て内務省に入った。のちの中曽根政権（一九八二～八七年）で官房長官を務めた後藤田正晴《ごとうだまさはる》は、内務省時代の先輩だ。中曽根は戦後の四七年に衆院初当選し、民主党、改進党などで「反吉田茂」を掲げ、河野一郎の派閥に所属した。科学技術庁長官、防衛庁長官、通産相などを歴任。七二年の総裁選では、同じ選挙区（群馬三区）のライバルだった福田赳夫に対抗して田中角栄を支持。田中政権誕生に貢献した。しかし、田中政権末期には反田中に転じ、三木政権樹立に協力。幹事長ポストを手にした。中曽根は八年後の八二年に首相の座にたどり着く。

三木政権は、田中の金権体質を批判する意味も込めて、政治資金規正法の改正に取り組んだ。企業や労組から政党への献金の上限を一億円とするなどの内容だったが、政治資金の公開基準を下げるなどの透明化には踏み込まなかった。自民党内からは不満も出たが、中曽根幹事長は野党との話し合いを進め、七五年七月に成立にこぎつけた。

七六年七月、自民党を震撼させたのが田中角栄の逮捕だった。前述したように米ロッキード社の航空機売込みに絡む贈収賄事件である。三木首相が直接、この事件解明に関与していたかどうかは不明だが、三木政権は米政府に関連資料を提供するよう求めていたことは確かだ。自民党内では三木に対して「はしゃぎすぎ」といった批判が高まり、「三木降ろし」を狙った「挙党体制確立協議会」（挙党協）が結成された。三木首相の辞任を求める点では、田中、福田両派は足並みをそろえた。三木首相は衆院解散・総選挙の構えを見せるが、踏み切れずに七六年九月、内閣改造・党役員人事で党内融和を図ろうとした。挙党協から批判を浴びていた中曽根幹事長の後任には大平派の内田《うちだ》常雄《つねお》が起用された。

⑱内田常雄（七六年九月〜七六年一二月）

内田常雄は山梨県出身。東大卒後、大蔵省を経て政界入り。宏池会に所属し、池田勇人、前尾繁三郎、大平正芳を支えた。厚相、経済企画庁長官などを歴任した政策通で、幹事長としての手腕は未知数だった。内田本人も幹事長就任の記者会見で「道を歩いていたらマンホールに落ちたようなものだ」と語り、メディアからは「マンホール幹事長」と呼ばれた。

当時は「三木降ろし」が吹き荒れるさなかであり、内田は党内融和を模索した。しかし、挙党協は三木後継を福田とすることで一本化。自民党内は混乱したまま、衆院議員の任期満了による総選挙となった。一二月五日の投票の結果、定数五一一のうち自民党は二四九議席（追加公認を含めて二六〇議席）で、すべての常任委員会で多数を占めることができる「安定多数」の二七一議席には遠く及ばなかった。自民党の「金権体質」を批判して離党した河野洋平らが結成した新自由クラブは一七議席を得るブームとなった。三木首相は敗北の責任を取って退陣を表明した。内田も在任三カ月で幹事長ポストを去った。

⑲大平正芳（七六年一二月～七八年一二月）

三木退陣を受けて発足した福田政権は、福田、田中、大平各派の寄り合い所帯だった。福田首相は、党務は幹事長に起用する大平正芳に委ねる姿勢を示していた。総務会長には田中派の江《え》﨑《さき》真《ま》澄《すみ》、政調会長には三木派の河本敏夫が起用され、大平幹事長と合わせ「反福田色」の強い布陣だった。

大平は香川県出身。東京商大（現一橋大）卒後に大蔵省に入り、池田勇人蔵相秘書官な

大平正芳

どを経て政界に転じた。池田政権の官房長官、田中政権の外相など要職をこなした。朴訥な人柄で知られ、「鈍牛《どんぎゅう》」といわれた。

幹事長当時の大平の政治姿勢について、政治学者の福永文夫《ふくながふみお》はこう指摘している。

「（日本の政治は）衆参両院の議席数、運営、成果を顧みて、二大政党制と一党支配体制ともに否定し、『自民党を軸にした穏健な多元体制』に移行しつつある」「主婦、退職者、若者を中心とする支持政党なし層が『鋭敏な政治感覚』の持ち主であり、彼らの動向が今後の課題となる」（福永、二〇〇八）。

福田首相は大蔵省出身で経済・財政通だったが、実績を上げたのは外交だった。福田が外相の時に秘書官だった外務省の小和田恆《おわだひさし》が首相就任時にも秘書官として起用され、福田の外交ブレーンとしてアイデアを出したことも成果を生んだ。小和田はその後、外務省条約局長、事務次官、国連大使などを歴任。オランダ・ハーグの国際司法裁判所の判事や所長も務めた。皇后・雅子妃の父である。

福田は七七年八月に東南アジアを歴訪。訪問先のフィリピン・マニラで東南アジア外交の基本方針を示す演説を行った。①日本は軍事大国にならず、平和に徹する②政治・経済だけでなく文化交流など幅広い分野で心と心が触れ合う相互信頼関係を築く、などを柱とした演説は「福田ドクトリン」としてアジア諸国から高く評価された。

七八年七月の西ドイツ・ボンでのサミット（先進国首脳会議）では停滞する世界経済を牽引するために「日本が機関車役を果たす」ために七％の経済成長を実現すると約束して、欧米各国から評価された。さらに同年八月には、中国との間で懸案となっていた日中平和友好条約を締結。ソ連を念頭に「覇権反対」を盛り込んだ内容だったが、「第三国に対するものではない」との了解で日中双方が合意した。

その間、大平は幹事長として地力を蓄えた。国会運営では、田中金権政治に反発して自民党を離れた河野洋平らの新自由クラブを取り込み、野党陣営を切り崩した。福田は政権発足から二年を経て、衆院解散・総選挙の機をうかがっていたが、国会運営も順調で、解散のタイミングを見出せなかった。そして七八年一一月、自民党初の総裁公選が実施され、一般党員を含む総裁選となった。

福田は二年間の政権の実績から総裁再選は動かないと楽観していた。しかし、田中角栄が率いる田中派の国会議員や秘書たちの「田中軍団」が党員名簿を入手して徹底した集票作戦を展開し、大平を支援した。その結果、第一回投票で大平が福田を抑えた（福田赳夫、一九九五）。福田は、第一回の投票結果を「天の声」だとして従うと公言していただけに、「天の声にも変な声もある」という名セリフを残して退陣。後継の総裁・首相には大平が選出された。

⑳齋藤邦吉（七八年一二月〜七九年一一月）

大平首相は幹事長に大平派の番頭格である齋藤邦吉《さいとうくにきち》を起用した。福田政権は幹事長にライバル派閥の大平を充てたことで、首相と幹事長との間で様々な軋轢《あつれき》が生じたが、大平政権では首相と幹事長を同一派閥とすることで官邸・党が一体となった政局運営ができると判断したためだった。大平が盟友としていた田中角栄はロッキード事件で裁判を続ける一方で、田中派のメンバーを増やして影響力を拡大。大平を全面支援したことも政権の安定につながった。

斎藤は福島県出身。東大卒後、内務省に入り、戦後は労働省で労働政策に取り組んだ。労働事務次官を務めた後に政界入り、自民党の宏池会で大平を支えた。斎藤は、官房長官を務めた田中六助や伊東正義《いとうまさよし》とともに大平側近として政権を支えた。

大平首相は七九年九月、七六年の総選挙で失った衆院の安定多数を回復し、政権を安定させるために解散・総選挙に打って出た。一〇月七日投票の結果、自民党は七六年の二四九議席を一議席下回る二四八議席と敗北した。大平首相が選挙前から財政再建のために大型間接税の一種である一般消費税の導入を示唆したことが大きな敗因だった。さらにこのころ、運輸省の外郭団体である鉄道建設公団でカラ出張が繰り返されていたことが報道されるなど「公費天国」が批判されていた。

福田派や三木派など反主流派は大平の責任を追及。党内は混乱し、首相指名候補が決まらないまま一一月六日の衆院本会議を迎えた。自民党から大平正芳首相と福田赳夫前首相の二人が候補となるという異常事態となった。第一回投票の結果、大平一三五票、福田一二五票で、野党各党の党首を上回り、決選投票で大平一三八票、福田一二一票。大平首相がかろうじて続投となった。

続く組閣・党役員人事で大平首相は中曽根康弘を蔵相に起用しようとしたが、中曽根はポスト大平を狙って幹事長を要求。しかし、大平はこれを拒んで、中曽根派幹部の櫻内義雄を起用した。幹事長や閣僚の人事に一応のけりがついたのは一一月一六日。総選挙の投票から四〇日間のこのごたごたは「四〇日間抗争」と呼ばれた。

㉑㉒㉓櫻内義雄（七九年一一月〜八一年一一月）

櫻内義雄は島根県出身。慶應義塾大卒後、蔵相だった父幸雄《ゆきお》の秘書などを経て一九四七年の総選挙で衆院議員初当選。改進党で中曽根康弘と行動を共にした後、自民党結党後は中曽根とともに河野一郎派に所属した。通産相、建設相などを歴任し、幹事長に就いた。

七九年総選挙敗北の責任問題をめぐる党内の対立・抗争は収まらず、八〇年五月、野党が提出した大平内閣不信任案の採決で、自民党の約七〇人が欠席。不信任案が可決された。大平首相は直ちに衆院を解散。「ハプニング解散」である。もともと予定されていた参院選との同日選挙となった。選挙期間中に大平が過労で入院し、死去するという悲劇も起きた。

六月二二日の投票の結果、自民党は衆院で二八四議席（追加公認を含めて二八七議席）を獲得して大勝。政権を維持した。大平首相の後継には、各派閥の話し合いで大平派の鈴木善幸が選ばれた。田中対福田という対立で自民党が混乱していた中で、鈴木が掲げていた「和《わ》の政治」という姿勢が党内の賛同を受けたことに加え、最大派閥を率いていた田中が鈴木を支持したことが鈴木政権の誕生につながった。鈴木首相は櫻内幹事長を続投させ、党内融和を進めた。

しかし、国際社会は「和の政治」では乗り切れなかった。米国とソ連の東西対立が激しくなる中で米国から日本に対して防衛力強化の要求は高まっていた。とりわけグアム以西、フィリピン以北の一〇〇〇海里《かいり》のシーレーン防衛に日本が責任を持つよう求められていた。八一年五月の訪米で鈴木首相はレーガン米大統領と会談。シーレーン防衛に前向きな姿勢を示していた。一方で「ハト派」を自認する鈴木首相は、訪米中に「日米同盟には軍事的な意味はない」などと発言。米側から不信感が表明された。不満を示した伊東正義外相の辞任に発展。日米関係は揺らいだ。

鈴木首相は八一年一一月、政権立て直しのために内閣改造・党役員人事に踏み切り、幹事長は櫻内から二階堂進に交代した。

㉔二階堂進（八一年一一月〜八三年一二月）

二階堂進は七四年、田中角栄首相退陣後の混乱の中で一カ月だけ暫定的に幹事長に就いたことがある。今回は本格的な幹事長就任だ。

二階堂は鹿児島県出身。戦前、米国の南カリフォルニア大学で学んだ。戦後、国政に挑戦するが当選、落選を繰り返した。五五年、自民党結党に加わった後は、佐藤派に所属して田中角栄と交友を深めた。田中内閣の官房長官を務め、「趣味は田中角栄」が口癖だった。鈴木政権の幹事長として、鈴木首相と田中とのパイプ役が期待された。だが、八二年一〇月の総裁選に出馬が確実視されていた鈴木は、総裁選告示直前に出馬を断念。鈴木首相は、対米関係の行き詰まりなどから、これ以上の政権継続は無理と判断したとみられている。

後継の総裁選びは党員参加の予備選の方式で実施され、中曽根康弘が河本敏夫、安倍晋太郎、中川一郎《なかがわいちろう》を抑えてトップとなり、中曽根政権が発足した。組閣・党役員人事では、田中派の二階堂幹事長が再任、官房長官にも田中派の後藤田正晴が起用され、「田中曽根内閣」「直角内閣」などと呼ばれた。

中曽根は、首相就任後にやるべきことを大学ノートに書き留めていた。そのノートに従ってまず、外交で新機軸を打ち出した。首相就任早々に韓国を電撃訪問。当時の全斗煥《チョンドゥファン》大統領との首脳会談で日韓連携を確認した。鈴木政権下でぎくしゃくした米国との関係改善にも乗り出した。米国のレーガン大統領とも親密な関係を築き、お互いに相手をファーストネームで呼び合う「ロン・ヤス時代」をアピールした。二階堂幹事長は、国会対策などで中曽根首相を支えた。

八三年一〇月、田中角栄に対する東京地裁の判決が下された。ロッキード社からの五億円の受託収賄罪を認め、懲役四年、追徴金五億円だった。田中は直ちに控訴したが、国会では野党が田中の議員辞職勧告決議案を提出し、審議が空転した。中曽根首相は衆院の解散・総選挙で事態打開をめざした。

一二月一八日に投票の結果、自民党は二五〇議席（追加公認を含め二五九議席）と前回（八〇年）の二八四議席を大きく下回った。中曽根首相は事態打開のために新自由クラブ（河野洋平代表）との連立を決意。当時、政調会長だった田中六助が調整に動いて合意した。田中六助はその論功で、一二月の組閣・党役員人事で幹事長に抜擢された。内閣では、連立した新自由クラブから田川誠一《たがわせいいち》が自治相に起用された。

㉕田中六助（八三年一二月〜八四年一〇月）

田中六助は福岡県出身。早稲田大学卒、日本経済新聞の政治記者から政界に転じた。宏池会に所属し、大平政権の官房長官などを歴任。宏池会のポスト大平をめぐって宮澤喜一に対抗し、「一六戦争《いちろくせんそう》」と呼ばれた。フットワークが軽く、新自由クラブとの連立も隠密行動を進めて実現させた。しかし、田中は持病の糖尿病が悪化。八四年八月に入院し、一〇月に幹事長を退任する。病床から金丸信総務会長に書簡を送り、中曽根政権を支えてほしいと要請した。田中の後任には金丸が起用された。田中は八五年一月、死去した。

㉖金丸信（八四年一〇月〜八六年七月）

金丸信は山梨県出身。東京農業大学卒後、中学校教員などを務め、政界入り。自民党佐藤派で竹下登らと交流を深めた。国会対策委員長などを経て、福田赳夫政権の一九七七年、防衛庁長官に就任。在日米軍基地で働く日本人従業員の給与に対する日本側負担を表明したが、野党側が反発した。金丸は「思いやりの気持ちで行うべきだ」と発言して、負担が実現。それ以来、在日米軍基地の経費負担は「思いやり予算」と呼ばれている。

金丸が幹事長に就任して間もなく、鈴木善幸前首相や福田赳夫元首相が公明党や民社党を巻き込んで二階堂進副総裁を中曽根首相に代わって首相に擁立する動きが発覚。田中角栄元首相の反対で頓挫した。「二階堂擁立劇」と呼ばれ、金丸幹事長も火消しに動いた。

金丸は国対委員長時代に培った野党とのパイプを駆使して国会運営を進めた。八六年には中曽根首相の意向を受けて衆参同日選に向けた根回しを進めた。選挙結果は、自民党が衆院で三〇〇議席（追加公認を含めて三〇四議席）を獲得する圧勝となった。その結果、中曽根首相は自民党の総裁任期の一年延長を勝ち取った。金丸は論功で副総理に就任。後任の幹事長には、金丸がポスト中曽根の総裁・首相に推す竹下登が起用された。

金丸が幹事長だった時に、自民党内で激変があった。最大派閥の田中派で、田中角栄の支配を打ち破る動きが表面化。派閥内抗争に発展した。田中派の中堅・若手である小渕恵三、小沢一郎、梶山静六らが、田中支配を崩し、竹下登を担いで独自の勢力をつくろうとしたのだ。田中はこの動きに対して切り崩しに動き、対立が激化した。竹下を支持する勢力は八五年二月、派内の新グループ「創政会」を発足させ、四〇人が参加した。田中派の三分の一にあたる勢力で、田中は激怒したという。創政会発足から二〇日後、田中は脳卒中で倒れ、田中派の対立抗争は竹下が多数を制することになる。

3　竹下登から山﨑拓まで

私は一九八五年に朝日新聞の政治部員となり、政治取材を始めた。ここからは、私の取材経験も交えた「幹事長論」を書いていきたい。

㉗竹下登（八六年七月〜八七年一〇月）

中曽根首相が幹事長に起用した竹下登は、田中派を事実上、引き継いで、新しい派閥を「経世会」と命名。ポスト中曽根に向けて本格的に動き始めた。竹下は島根県出身。早稲田大学では雄弁会で活動。島根県議を経て、五八年に衆院初当選。安倍晋太郎らが同期だ。佐藤派から田中派に所属し、建設相、官房長官などを経て中曽根政権では蔵相を務めた。蔵相として竹下は、日本が高齢化社会に入る中で財政の健全化が不可欠だと考えていた。中曽根首相が八六年の衆参同日選で勝利した後に、大型間接税の一種である売上税の導入を提起したことに竹下は賛同。幹事長として国会で関連法案の成立をめざした。だが、同法案には流通業界などから批判が出たほか、自民党内からも反発が強まり、成立には至らなかった。竹下は責任を痛感。いずれは自らの政権で大型間接税の導入をめざすと決意したという。

竹下は「我慢強さ」を身上としていた。周囲に対して声を荒げることはなく、人の話に熱心に耳を傾けると評価されていた。竹下の門下である橋本龍太郎が後に首相に就いた際、竹下は「人を叱る時は一対一で、ほめる時は皆の前でという配慮が大事だ」と助言した。

また、竹下は「汗は自分でかきましょう。手柄は人にあげましょう」が持論で、まさに「気配りの人」だった。

中曽根首相の総裁任期が八七年一〇月で満了となるのをにらんで、安倍晋太郎、竹下登、宮澤喜一が後継に名乗りを上げた。安倍は外相経験が長く、中曽根が築いた日米同盟の強化など「外交の継続性」を訴えた。竹下は新派閥「経世会」を結成。一〇〇人規模の最大派閥で「数」の優位を誇った。宮澤は蔵相、通産相、官房長官など豊富な閣僚経験と英語に堪能な国際派をアピールした。安竹宮《あんちくみや》の三すくみが続いた。党員や国会議員による投票か、話し合いかをめぐって党内調整は手間取り、最終的には中曽根の「裁定」に委ねることとなった。

裁定の結果は「竹下」だった。中曽根首相は自分のやり残した大型間接税の導入を、最大派閥を率いて党内基盤が安定している竹下に委ねた。幹事長には安倍、税制改正を担当する蔵相には宮澤が就くことになった。

㉘安倍晋太郎（八七年一〇月～八九年六月）

幹事長に就いた安倍晋太郎は、竹下政権を支えつつ首相の座を狙うという難しい立場だった。安倍は山口県出身。東大卒後、毎日新聞の政治記者を経て、岸信介元首相の娘婿となって政界入り。官房長官、外相、党政調会長などを歴任した。

私は安竹宮の総裁選の時に、朝日新聞政治部の若手記者として安倍を担当し、竹下や宮沢との接触などを追いかけていた。安倍は竹下に敗れた直後は悔しそうな表情を見せていたが、気を取り直して幹事長の職務を続けた。私が竹下政権の首相官邸の担当になったので、幹事長室に挨拶に行ったら、安倍は「いずれ俺が官邸に入るから、玄関を掃き清めておいてくれ」と笑顔で語っていた。当時、安倍幹事長の秘書をしていたのが、後に幹事長や首相となる安倍晋三である。

安倍は竹下政権の懸案だった消費税の導入に尽力し、関連法案は社会、共産両党などが反対する中、八八年一二月に成立した。一方で、竹下政権ではリクルート事件が発覚。竹下、安倍、宮澤らの周辺にリクルート関連の資金提供や未公開株の譲渡が続けられていたことが判明した。宮澤は蔵相を辞任、安倍への批判も高まった。八九年四月、竹下は辞任を表明。竹下自身は安倍を後継に指名したかったが、安倍は同時期に病気のため入院し、幹事長の仕事は幹事長代理だった橋本龍太郎が担っていた。

竹下首相の退陣で、最大派閥・竹下派は動揺した。竹下政権を支えていた「七奉行」と言われる幹部たち（橋本龍太郎、小渕恵三、小沢一郎、梶山静六、羽田孜、渡部恒三、奥田敬和）は竹下政権がしばらく継続することを前提に、自分の将来を描いていたからである。

当時の自民党では総裁・首相と幹事長は別の派閥とすることが慣例となっていた。そのため竹下政権が続く間は、竹下派幹部は幹事長になれないが、竹下政権が終われば幹事長に就けるチャンスが来るわけだ。

官房長官だった小渕は竹下政権中に有力閣僚をこなして、次は幹事長を狙う。官房副長官だった小沢も、自治相（現総務相）だった梶山も、竹下政権中に有力ポストを経験して幹事長を狙うという将来を考えていたのである。ところが、竹下政権が二年足らずで崩壊。後継総裁・首相には、竹下が推す宇野宗佑外相が就いた。幹事長には橋本が起用されたが、ほかの竹下派幹部には戸惑いが広がった。

㉙橋本龍太郎（八九年六月〜八九年八月）

橋本龍太郎は岡山県出身。慶應義塾大学卒後、サラリーマンを経験し、一九六三年、父の龍伍《りょうご》の跡を継いで衆院議員になった。小渕とは当選同期である。社会保障に詳しく、厚相（現厚労相）や運輸相（現国交相）を歴任。竹下政権では、幹事長代理として安倍幹事長を支えていた。

橋本は、安倍幹事長が病気入院中に幹事長代理として国会対策や政策調整で存在感を発揮。宇野政権の幹事長として八九年七月の参院選では全国を走り回った。「龍《りゅう》さま」と呼ばれて人気を博したが、この参院選で自民党は惨敗。宇野首相の退陣とともに橋本も二カ月で幹事長の座を去った。

私は当時、自民党竹下派の担当記者として橋本の遊説などに同行取材した。「チェリー」というたばこを、ホルダーにさしてふかす姿が「キザ」と言われていた。外交や経済に精通している半面、子分の議員がおらず、「政界の一匹狼」と呼ばれていた。

ポスト宇野の総裁・首相争いは混迷した。自民党内では、国民的人気のある橋本を推す動きがある一方、竹下派内では小沢を中心に反対論が強かった。竹下派を仕切っていた金丸信の判断もあって、橋本擁立は見送り、代わって河本敏夫派の海部俊樹を推すことになった。総裁選は海部と宮沢派の林義郎《はやしよしろう》、安倍派の石原慎太郎の争いとなり、竹下派の支援を受けた海部が圧勝した。この総裁選の三候補とも派閥の領袖《りょうしゅう》ではなかった。リクルート事件で各派閥の領袖が資金提供を受けていたことが批判され、派閥の統制が弱まっていることを示す結果となった。海部首相は幹事長に小沢を起用。橋本は幹事長から蔵相に横滑りとなった。

㉚小沢一郎（八九年八月〜九一年四月）

小沢一郎は岩手県出身。慶應義塾大学卒後、司法試験に挑戦していたが、衆院議員だった父の小沢佐重喜の死を受けて一九六九年、衆院初当選。前述の通り、田中角栄幹事長の下で梶山静六、羽田孜らとともに政界入りした。田中に見込まれて、早くから頭角を現した。自民党で選挙の実務を取り仕切る総務局長を経験。中曽根康弘内閣では自治相（現総務相）を歴任した。

田中は一九七四年に金脈問題で首相を退陣。七六年にはロッキード事件で逮捕、起訴されたが、最大派閥の田中派を率いて「闇将軍」と言われた。小沢は田中派の中堅議員として田中の裁判闘争を支えたが、次第に「田中支配」の限界を感じていた。小沢は小渕恵三や梶山静六らとともに竹下登を担いで「田中支配」を打ち破るため、田中派内に「創政会」を設立。田中との多数派工作が続いたが、そのさなかに田中が脳梗塞で倒れ、田中派は事実上、竹下派に衣替えした。竹下はその勢いを駆って、一九八七年の「ポスト中曽根」を選ぶ総裁選で勝利した。

小沢一郎

竹下政権で小沢は官房副長官として国会対策などに奔走。消費税導入の関連法案をめぐっては、野党だった公明党とその支持母体の創価学会を説得し、反対の社会、共産両党との分断に成功した。米国が日本の建設市場の開放を求めてきた問題では、官房副長官として異例の訪米。建設省や通産省を説得して一部の市場を開放することで米側と合意し、米国からも「タフ・ネゴシエーター（手ごわい交渉者）」と評価された。

しかし、竹下政権は消費税導入への反発に加え、リクルート事件に対する批判を浴び、二年足らずで終幕。次の宇野政権では、小沢のライバルだった橋本龍太郎が幹事長に就いた。ただ、宇野政権は参院選で大敗し、約二カ月で退陣。後継の海部俊樹政権で、小沢に幹事長ポストが回ってきたのである。

田中から「幹事長こそ政党人として最高のポスト」と教わっていた小沢にとって、幹事長就任は念願がかなった人事だった。国会対策や選挙準備を着実に進めた。小沢は衆院の解散・総選挙のタイミングを探り始めた。

八九年秋、朝日新聞政治部で自民党を担当していた私はある夜、小沢の側近から重要情報を入手した。「小沢幹事長は来年(九〇年)一月解散、二月総選挙で動き始めた。財界から選挙資金を集めるよう指示された」というのだ。政治部の総力を挙げて裏付け取材を進め、一一月一六日に「一月末解散、二月総選挙の線」という記事を出稿。翌日紙面の一面トップに掲載された。他社も追随し、報道通りに九〇年二月の総選挙となった。

小沢はこの総選挙で自民党を勝利に導いた。投票の結果、自民党は二七五議席(追加公認を含めて二八六議席)を獲得。前回(八六年)よりは一八議席少なかったが、安定多数を得た。八九年の参院選で自民党は、土井たか子委員長の率いる社会党に惨敗。この総選挙でも大敗すれば政権を失いかねないという瀬戸際に追い込まれていた。その危機を救った小沢幹事長は党内の評価を高めた。

このころ、世界は大きく揺れ動いていた。東西ドイツを隔てるベルリンの壁が崩壊(八九年一一月)、ブッシュ(父)米大統領とゴルバチョフ・ソ連共産党書記長は地中海のマルタ島で会談し、「冷戦の終結」を確認した。東西冷戦の終幕は、その日本版である自民、社会両党による「五五年体制」も揺るがしていた。

冷戦終結の影響は中東にも及んでいた。九〇年八月、イラクのサダム・フセイン大統領が隣国のクウェートに侵攻。石油施設などを占領した。ブッシュ大統領は国連安全保障理事会での決議を得て、英国などと多国籍軍を結成。九一年一月にはイラクを空爆し、さらにクウェートからイラク軍を押し返した。湾岸戦争である。ブッシュ大統領は開戦から一カ月で勝利を宣言した。

この間、海部政権は右往左往した。小沢幹事長の主導で、自衛隊の海外派遣を可能にする国連平和協力法案が国会に提出されたが、野党の追及に対して政府側が十分な答弁ができずに国会審議が紛糾。法案は廃案となった。小沢は後に、この法案が廃案となった経緯について、こう語っている。

「外務省が最初から全然だめでした。そして、防衛庁も消極的だった。国会審議も外務省の担当局長が初日から答弁で立ち往生して、結局、廃案になった」「外務省そのものにやる気がなかった。だから、担当局長が国会でどういう理屈で答えていいかも分からなかった」(小沢、二〇〇六)。

海部政権はたばこ税やガソリン税の引き上げを財源に、関係国に一三〇億ドルを提供したが、クウェートが解放後に米国の新聞に出した「感謝広告」には日本が載っていなかった。米国は「ショー・ザ・フラッグ(旗を見せろ)」と、日本に対して人的貢献を迫ったが、結局は資金提供にとどまり、これが日本外交の「トラウマ」として残ることになった。小沢幹事長は、「剛腕」ぶりが注目された半面、政権内部の調整や国会対策が十分でなかったことが露呈した格好だ。

九一年四月の統一地方選で最大の焦点となったのが東京都知事選だった。小沢幹事長は、国連平和協力法案の審議で協力を求めた公明、民社両党と連携してＮＨＫキャスターだった磯村尚徳を擁立したが、自民党東京都連の幹部らは現職の鈴木俊一を支援。自民党は事実上、分裂選挙となった。選挙結果は鈴木が圧勝。小沢は責任を取って幹事長を辞任した。後継幹事長には、同じ竹下派の小渕恵三が起用された。

小沢はその後、竹下派の幹部として辣腕をふるった。だが、竹下派会長だった金丸信がゼネコン資金の脱税容疑で逮捕され、後継の会長選びをめぐって、小渕恵三を推す竹下らと小沢を推す羽田らが激しく対立。最終的には小渕が会長に就き、小沢や羽田らは竹下派を離脱。一九九三年には宮澤喜一内閣の不信任案に賛成して自民党も離党、新生党を結成した。小沢は新生党の代表幹事として根回しを進め、非自民の細川護熙政権を樹立した。小沢はその後、新進党、自由党、民主党と移り、二〇〇九年の総選挙では、民主党幹部として自民党政権を打倒。民主党政権を誕生させ、幹事長として党運営を仕切った。自民党、民主党の両方で幹事長として政局を動かした政治家は小沢だけだ。

ただ、小沢にはさまざまな批判がつきまとう。自民、民主両党の幹事長として巨額のカネを動かしたが、その事情について十分な説明を尽くしたとは言えない。政治を「権力闘争」と位置付ける小沢は時に、勝つためには手段を選ばないことがある。「改革」を掲げて時代を動かした小沢だが、時代は政治家に十分な説明責任を果たすよう求めている。小沢は自らが動かした時代の歯車に追い抜かれたのかもしれない。

㉛小渕恵三（九一年四月〜九一年一〇月）

小渕恵三は群馬県出身。早稲田大学では雄弁会で活動し、一九六三年に初当選した。田中角栄に対抗して竹下登の側近で設立された創政会の主要メンバー。竹下政権では官房長官を務め、昭和が終わった時に、次の元号「平成」を発表したことで知名度が急上昇した。私は官房長官当時の小渕を担当。夜《よ》討ち朝駆《あさが》けで取材した。選挙区は衆院群馬三区で、福田赳夫、中曽根康弘という自民党の大物に挟まれて苦労した話をよく聞かされた。「ビルの谷間のラーメン屋」と自称していた。粘り強さ、誠実さは与野党から評価され、「人柄の小渕」と言われ、自民党の職員たちにも人気が高かった。

海部首相とは早大雄弁会の先輩・後輩という関係でもあり、海部・小渕体制は順調にスタートした。しかし、すぐに荒波がやってきた。

そのころ、自民党内では竹下政権がリクルート事件で崩壊したことを受けて政治改革が叫ばれていた。一つの選挙区で原則三～五人を選ぶ衆院の中選挙区制が自民党内の派閥政治を生み、各派閥の候補者によるサービス合戦がカネのかかる政治につながるという理屈だった。中選挙区制を改めて小選挙区制を導入すれば、政治腐敗も解消し、政策本位の二大政党制につながるという主張だった。自民党の後藤田正晴、伊東正義らのベテランと石破茂、武村正義、鳩山由紀夫ら若手が政治改革を推進していた。一方で、山﨑拓、加藤紘一、小泉純一郎の（YKK）をはじめ、慎重論も根強かった。

海部首相は政治改革を推進するという立場を強調。九一年九月の臨時国会に小選挙区に比例代表並立制を加えた関連法案を提出。だが、自民党内の抵抗もあって廃案となった。海部は「重大な決意」を表明し、衆院の解散・総選挙に打って出る構えを見せたが、竹下派幹部の小沢一郎に抑え込まれ、解散を見送り、首相退陣を余儀なくされた。小渕幹事長にとっても、屈辱だった。解散風が続いていた深夜、私が電話で聞いた小渕幹事長の声は震えていた。

「小沢君には、金丸さんがついているから海部さんも吹き飛ばされた。だが、この恨みは忘れない」（星、二〇一九）。この「恨み」が、一年後の竹下派分裂、小渕の派閥会長就任と小沢の派閥離脱から離党につながっていく。

ポスト海部の総裁選では、宮澤喜一、渡辺美智雄《わたなべみちお》、三塚博《みつづかひろし》が名乗りを上げて、最大派閥を牛耳っていた小沢一郎が会長代行として三候補を「面接」するという場面もあった。竹下派が宮澤を支持したことで、宮澤政権が誕生。幹事長には、竹下派の綿貫民輔《わたぬきたみすけ》が起用された。

小渕はその後、副総裁、外相などを歴任。一九九八年には橋本龍太郎の後継総裁・首相に就いた。首相在任中にはG８（主要八カ国首脳会議）の沖縄開催を決定するなど、米軍基地負担に苦しむ沖縄への強い思いを示した。

このころの自民党は、一二〇人規模の最大派閥・竹下派が圧倒的な影響力を持ち、「竹下派支配」といわれた。金丸信、竹下登、小沢一郎の竹下派トップ三人を指して「金竹小《こんちくしょう》」と揶揄《やゆ》する向きもあった。三人とも自民党幹事長を経験して政治力を増した政治家である。

㉜綿貫民輔（九一年一〇月～九二年一二月）

首相の座にたどり着いた宮澤は、戦後日本政治の中枢を代表する政治家である。大蔵官僚から吉田茂首相のブレーンとなり、池田勇人から前尾繁三郎と続く宏池会の幹部として活躍した。外相、通産相、蔵相などを歴任。ポスト中曽根の総裁・首相争いでは竹下登に敗れ、リクルート事件でも秘書への資金提供が明らかとなり、蔵相を引責辞任した。宇野宗佑、海部俊樹政権の後、竹下派の支持も取り付けて総裁・首相に就いた。閣僚経験は豊富だが、党務には疎く、国会運営や国政選挙は、綿貫民輔幹事長をはじめとする竹下派に依存することとなった。

宮澤首相は前政権からのからの懸案だった国際貢献策として、国連の平和維持活動（PKO）に自衛隊を派遣するPKO協力法案を提出。社会、共産両党は反対したが、九六年六月に成立、同年九月に自衛隊は初めてのPKO任務としてカンボジアに派遣された。綿貫幹事長は同じ竹下派の梶山静六国会対策委員長とともにPKO協力法の審議・成立に尽力した。

綿貫は富山県出身。慶應義塾大学卒後、サラリーマンを経て砺波《となみ》運輸（現トナミ運輸）の経営にあたった。富山県議を経て六九年衆院議員に初当選。小沢一郎や梶山静六らは当選同期だ。自民党の川島派や椎名派を経て竹下派に加わった。建設相、衆院議院運営委員長などを歴任。宮澤政権発足時に、竹下派内では梶山を幹事長に推す動きがあったが、小沢が難色を示し、梶山、小沢の双方と等距離の綿貫に落ち着いた。

綿貫の生家は有力な神社で、綿貫自身も宮司《ぐうじ》を務めていた。飄々とした人柄で知られ、与野党に人脈があった。九二年七月の参院選では自民党を勝利に導いた。だが、同年八月に竹下派会長の金丸信副総裁に東京佐川急便から五億円の資金提供があったことが判明。金丸は副総裁辞任を表明した。これをきっかけに、竹下派では金丸の後継会長選びをめぐる抗争が激化する。

竹下派では、小沢が「会長代行として派をまとめる責任がある」として新会長に羽田孜を推したのに対して、梶山ら反小沢勢力は小渕恵三を支援した。竹下派の衆院議員の間では羽田支持が多かったが、参院議員では小渕支持が多数だった。九二年一〇月、竹下派最高幹部会の原田憲《はらだけん》座長が「新会長には小渕氏が適任」という見解を発表して、小渕会長が決定したが、派内の対立は収まらなかった。

竹下派の会長選びが決着したのを受けて、宮澤首相は内閣改造・党役員人事に踏み切り、幹事長には綿貫に代わって梶山を起用。反小沢の急先鋒である梶山を党の責任者に据えたことで、宮澤首相も「反小沢」の姿勢を鮮明にしたことになった。

㉝梶山静六（九二年一二月〜九三年七月）

梶山静六は茨城県出身。陸軍士官学校入学後に従軍して敗戦を経験。「戦争の悲惨さを後の世代に伝える責任がある」と語っていた。茨城県議から六九年に衆院初当選。小沢一郎や羽田孜らと当選同期だ。田中角栄内閣で、当選二期で官房副長官に就き、注目された。竹下派七奉行の中で、金丸信は「平時の羽田、乱世の小沢、大乱世の梶山」と評価していた。強引にことを進めることもいとわず、「武闘派」として鳴らした。竹下政権で自治相、宇野政権で通産相などを歴任。竹下派の内では、小沢・羽田グループに対抗して小渕恵三、橋本龍太郎らと連携していた。

宮澤首相・梶山幹事長の体制を大きく揺さぶる事件が起きる。九三年三月、東京地検特捜部は金丸信を脱税容疑で逮捕。金丸事務所を家宅捜索したところ、多額の債券のほか金の延べ棒などが見つかった。大手建設会社（ゼネコン）からのリベートをため込んでいたのだ。脱税額は五〇億円に上った。政治腐敗の極みであり、政治不信が一気に高まった。

小沢は金丸の一番弟子であり、連帯責任を負う立場だったのだが、この事態を逆手に取って「政治改革が急務」と訴えた。小沢は、小選挙区比例代表並立制導入に賛成するのが「改革派」で、反対するのは「守旧派」だと主張。宮澤首相にも関連法案の早期成立を迫った。野党でも政治改革を求める声が高まり、九三年六月、社会党などが宮澤内閣不信任案を提出。竹下派の小沢らが賛成票を投じて、不信任案が可決された。宮澤は直ちに衆院を解散。自民党は分裂して総選挙に突入した。この間、梶山は小沢との妥協を拒否。小沢らを締め出す作戦をとった。

小沢らは自民党を離党して新生党を結成。小沢とは別に武村正義、田中秀征《たなかしゅうせい》、鳩山由紀夫、園田博之《そのだひろゆき》らは不信任案には反対したが、政治改革推進の立場から自民党を離党し、新党さきがけを結成した。総選挙は七月一八日に投開票され、自民党は選挙前とほとんど変わらない二二八議席を獲得したが、過半数には遠く及ばなかった。小沢は自ら率いる新生党に社会、公明、民社各党と新党さきがけを束ねて、日本新党代表の細川護熙・前熊本県知事を首相に担いだ。八月六日の衆院本会議で細川が非自民連立政権の首相に選出され、野党は一九五五年の結党以来、初めて野党に転落した。

梶山は宮澤とともに辞任したが、小沢への対抗意識が弱まることはなく、自民党の政権復帰策を模索していた。小沢主導の非自民政権は細川護煕、羽田孜両首相の計一〇カ月で終焉。自民党は社会党の村山富市委員長を首相に担ぐという「奇策」で政権に復帰した。梶山は自民党と社会党の国会対策委員長同士だったこともあって、村山とは懇意だった。梶山は村山との調整役を務め、政権の樹立に一役買っていた。一九九六年、村山政権に代わって自民党の橋本龍太郎政権が発足すると、梶山は官房長官に就任し、復権を果たした。

㉞森喜朗（九三年七月～九五年八月）

野党となった自民党は総裁選を実施。宮澤政権で官房長官を務めた河野洋平と前外相の渡辺美智雄の対決となり、河野が勝利した。河野は幹事長に森喜朗を起用した。

森は石川県出身。早稲田大学では雄弁会に所属、竹下登の秘書を経て自民党参院議員会長などを務める青木幹雄は雄弁会時代の先輩だった。森は産経新聞で働いた後、一九六九年の総選挙で初当選。小沢一郎や梶山静六、土井たか子らが当選同期である。文相、党政調会長などを歴任。福田―安倍―三塚派と続く派閥で幹部を務めてきた。野党に転落した自民党には官僚や業界の関係者の足も遠のき、政治資金集めも厳しさを増した。党運営を取り仕切る森にとっても苦難の日々だった。

政局の最大の焦点は、細川政権が成立をめざす政治改革関連法案の行方だった。森幹事長は小沢が主導する連立与党との折衝に当たった。政府・与党側は衆院に小選挙区比例代表並立制を導入し、小選挙区・比例代表各二五〇とする法案を提出。自民党との協議の末、小選挙区二七四、比例代表二二〇とする修正案が衆院で可決された。しかし、参院では社会党の反対派が多く、否決される可能性が高まった。実際に九四年一月の採決で、この修正案は賛成一一八票、反対一三〇票で否決された。与野党協議が続き、森幹事長も調整に奔走した。その結果、細川首相と河野自民党総裁のトップ会談で定数を小選挙区三〇〇、比例代表（全国一一ブロック）二〇〇とすることで合意。政治改革はようやく実現した。

政治改革を最大の課題としていた細川首相は、関連法が成立すると求心力を失い、自身の政治資金疑惑も重なって、九四年四月、退陣に追い込まれた。後継をめぐって、新生党の小沢代表幹事は自民党の分断を画策。渡辺美智雄元外相を自民党から離党させて首相に担ごうとした。最終的に渡辺が固辞して、小沢戦略は失敗したが、小沢はさらに非自民政権内で社会党などを外した勢力「改新」の結成に動いた。これには社会党の村山富市委員長らが反発していた。後継には新生党代表の羽田孜が選出されたが、社会党と新党さきがけは羽田政権に加わらず、少数与党政権となった。

自民党は森幹事長を中心に羽田政権に揺さぶりをかけ、内閣不信任案の提出を準備した。羽田首相は衆院の解散・総選挙か内閣総辞職か、決断を迫られた。衆院に小選挙区比例代表並立制を導入する政治改革関連法は成立していたが、小選挙区の区割りができておらず、ここで解散すれば、旧制度の中選挙区制で行われる。政治改革を推進してきた羽田首相としては、中選挙区制の総選挙に戻すわけにはいかない。「苦渋の選択」で羽田は総辞職を決断した。

羽田首相の後継選びでは、ドラマが繰り広げられる。小沢は自民党の海部俊樹元首相を担いで、自民党分裂を狙った。これに対して、森幹事長は河野総裁と話し合った末、社会党の村山委員長を担ぐという「奇策」に打って出た。

衆院本会議での首相指名投票が迫る中、自民党では中曽根康弘元首相が「憲法などの理念や政策が異なる社会党の委員長に投票することはできない」と、海部氏に投票する考えを明言。これが社会党に伝わると、社会党内では「自民党タカ派の中曽根氏と同一行動はできない」という反応が広がり、村山氏でまとまる流れができた。

六月二九日夜。第一回投票では村山氏二四一票、海部氏二二〇票。どちらも過半数に届かず、決選投票の結果、村山氏二六一票、海部氏二一四票で村山首相が決まった。自民党が社会党委員長を担いで政権に復帰するという仰天の展開だった。森幹事長が水面下で進めてきた村山擁立が成功したことになる。

村山政権では河野総裁が外相に就き、自民党からの入閣は橋本龍太郎通産相、野中広務自治相、亀井静香《かめいしずか》運輸相らとなった。森幹事長は続投。自民、社会、さきがけの連立政権の調整役を担った。村山政権では、危機管理能力が問われる出来事が次々と起きる。九五年一月には阪神・淡路大震災が発生、三月にはオウム真理教による地下鉄サリン事件が起きた。九月には沖縄で海兵隊員が少女暴行容疑で逮捕され、米軍への批判が高まった。村山首相は対応に苦慮し続けた。

河野総裁は八月、秋の総裁選に向けて自民党内の主導権を確保するために幹部人事に踏み切り、幹事長は森に代わって三塚派を率いる三塚博を起用。森は内閣改造で建設相に横滑りした。

㉟三塚博（九五年八月〜九五年一〇月）

三塚博は宮城県出身。早稲田大学卒後、宮城県議などを経て七二年に衆院議員初当選。運輸族として国鉄の民営化で自民党内の調整役を務め、運輸相も歴任。福田派・安倍派の幹部として力をつけ、安倍晋太郎が死去した後は、派閥会長をめぐって加藤六月《かとうむつき》と対立した。森喜朗らの支援を得て会長の座に就いた。通産相、党政調会長などを歴任した。

三塚が幹事長に就いた直後、自民、社会、さきがけの連立与党は戦後五〇年の首相談話をめぐって紛糾。最終的には村山首相の決断で談話を取りまとめた。首相談話は過去の戦争について、こう総括した。

「わが国は、遠くない過去の一時期、国策を誤り、戦争への道を歩んで国民を存亡の危機に陥れ、植民地支配と侵略によって、多くの国々、とりわけアジア諸国の人々に多大の損害と苦痛を与えた。私は、この歴史の事実を謙虚に受け止め、あらためて痛切な反省の意を表明し、心からのおわびの気持ちを表明する」。

その後の自民党政権も、この村山談話の精神を引き継いでおり、その点では自民党の理念や歴史認識の中で、村山談話は大きな転換点となった。

秋の自民党総裁選では河野洋平総裁と橋本龍太郎通産相の一騎打ちが予想されたが、河野に対しては、自民党の保守派だけでなく橋本が所属する小渕派などに反発があった。河野は苦戦必至と判断し、総裁選出馬を断念。代わって三塚派の小泉純一郎が立候補を表明し、橋本対小泉の争いとなった。結果は橋本が圧勝。自民党は引き続き、村山連立政権の一角を占めた。幹事長には宮澤派（宏池会）の加藤紘一が起用された。

㊱加藤紘一（九五年一〇月〜九八年七月）

加藤紘一は山形県出身。東大卒後、外務省に入り、「チャイナスクール」と呼ばれる中国語を専門とする外交官となった。衆院議員だった父・精三《せいぞう》の死去を受けて、七二年に衆院議員初当選。宏池会（当時は大平派）に所属した。大平内閣で官房副長官、中曽根内閣で防衛庁長官などを歴任。宮澤内閣で官房長官を務めた。海部政権の時は山﨑拓、小泉純一郎とYKK連合をつくり、小沢一郎の勢力に対抗した。

先述したように、加藤は自民党のリベラル派を代表する政治家だった。自民党の政調会長、幹事長として、自民、社民、さきがけの連立だった村山政権下では、社民党の辻元清美、さきがけの園田博之らと政策協議を重ねた。

村山首相は外交・内政課題で行き詰まり、九六年一月に退陣。後継首相には橋本総裁が就任した。加藤はそのまま政権党の幹事長となった。橋本首相は官房長官に幹事長経験者である梶山静六を起用。橋本政権は梶山官房長官と加藤幹事長という実力者が支える構図となった。

橋本政権が直面したのは「住専問題《じゅうせんもんだい》」だった。一九八〇年代後半のバブル経済のさなかに住宅融資専門会社（住専）が乱立。中央省庁から多くの官僚が天下った。九〇年代になってバブルが崩壊すると、住専は多額の不良債権を抱えた。住専には農林関係の公的金融機関が多額の融資をしており、破綻すれば、農林関係をはじめ深刻な影響が出る。そこで住専に公的資金という名の税金を投入して救済することになった。村山政権が編成した九六年度予算案に住専救済策として六八五〇億円が計上され、橋本政権が引き継いだ。

加藤幹事長はこの予算の早期成立をめざしたが、小沢一郎が率いる新進党など野党は「税金の無駄遣いだ」と反発。九六年三月には、衆院予算委員会の開会を阻止するために、国会議事堂の委員会室前に野党議員が座り込んだ。最終的には梶山官房長官が小沢と打開策を模索。住専問題を審議する特別委員会を設置することなどで合意し、住専救済予算を盛り込んだ予算は可決、成立した。

加藤紘一

橋本首相は沖縄県の米軍普天間《ふてんま》飛行場について、米側と「五～七年で返還する」ことで合意。大きな外交成果とみられたが、実際には「返還」ではなく、沖縄県内での「移設」だった。その後、曲折を経て名護市辺野古《なごしへのこ》に移設されることになり、埋め立て工事が続いているが、沖縄県内の移設反対論は根強い。

橋本首相は九六年九月に衆院を解散。政治改革関連法に基づき、小選挙区比例代表並立制（定数は小選挙区三〇〇、ブロック比例区二〇〇の計五〇〇）での初の総選挙となった。自民党は二三九議席（二八増）で、新進党の一五六議席（四減）、民主党の五二議席（増減なし）を抑えて大勝した。橋本政権は、九七年四月に消費税を三％から五％に引き上げることを予定通り実施すると公約。加藤は総選挙を仕切る幹事長として「増税でも、粘り強く説明すれば国民は理解してくれる」と自信をつけていた。

総選挙後の政権づくりに向けて、社民党と新党さきがけは閣僚を出さずに「閣外協力」とすることとなり、自民党としては三年ぶりの単独内閣となった。

九七年九月の自民党総裁選を無投票で乗り切った橋本首相は内閣改造・自民党役員人事に着手。加藤幹事長、山﨑拓政調会長は続投したが、梶山官房長官に代えて、同じ小渕派の村岡兼造《むらおかかねぞう》を充てた。政権内では社民、さきがけとの協力を重視する加藤と小沢一郎の新進党との「保保連携」をめざす梶山との確執が強まっていた中で、橋本首相は加藤の主張を支持した形となった。

橋本首相は自民党内で長く行政改革を担当していた経験もあって、省庁再編に乗り出した。一府二一省庁を一府一二省庁に再編するための法案づくりを進めた。①首相直属の内閣府を新設、②自治省、郵政省、総務庁を総務省に統合、③建設省、運輸省、国土庁を国土交通省に統合、④厚生省と労働省を厚生労働省に統合、などが柱で、法案は九八年二月に国会に提出され、六月に成立した。

ただ、橋本首相が行革に専念していた時に、日本経済は消費税率の引き上げやバブルの崩壊で悲鳴を上げていた。九七年一一月には三洋《さんよう》証券と北海道拓殖銀行が相次いで破綻。山一《やまいち》證券が自主廃業に追い込まれるという事態に陥っていた。そうした経済情勢の影響を受け、九八年夏の参院選で自民党は惨敗。橋本首相は退陣に追い込まれ、加藤幹事長も交代した。

橋本後継の総裁選は梶山静六、小渕恵三、小泉純一郎が争い、衆院議員の田中眞紀子《たなかまきこ》は「軍人、凡人、変人の争い」と評した。結果は小渕派に加え、三塚派、加藤派が推した小渕が圧勝。総裁・首相に就いた。幹事長には三塚派の森喜朗が起用された。

㊲森喜朗（九八年七月〜二〇〇〇年四月）

森喜朗は自民党が九三年に野党に転落し、その後、村山富市社会党委員長を首相に担いで政権に復帰して以来、二度目の幹事長就任。野党と政権与党の幹事長を経験することになる。小渕首相は早稲田大学雄弁会の先輩にあたる。派閥は田中、竹下派だった小渕と福田、安倍派だった森と違っていたものの、気心の知れた仲だった。橋本政権下の参院選で大敗したことで、自民党は参院で過半数を失っていた。森は持ち前の「気配り」で国会対策などを進めたが、政権運営は困難を極めていた。

事態打開のため、小渕首相はまず、小沢一郎率いる自由党との連立にこぎつけた。野中広務官房長官が、竹下派の抗争で全面対立した小沢に「ひれ伏してでもお願いしたい」という姿勢で懇請し、実現した。さらに小渕首相は公明党も連立に加わるよう要請。九九年一〇月、自民、自由、公明三党による連立政権が発足した。衆参両院で多数派が異なる「ねじれ国会」も、この連立によって解消し、政権は安定軌道に乗った。

ただ、小沢は連立政権内で自由党が埋没していることに危機感を募らせ、閣僚数の削減や衆院の比例定数削減などを要求。自民党からは反発が強まった。さらに小沢は自民党と自由党が合併して新たな保守政党を結成することも要求。小渕首相は拒否したが、小渕、小沢の折衝が続いた二〇〇〇年四月、小渕首相は脳梗塞で倒れた。森幹事長は小渕を支えて、小沢対策を練っていたが、最終的には物別れで終わった。小沢が率いていた自由党は分裂。小沢の自由党は連立を離脱したが、自民、公明両党との連立に残った二階俊博らは保守党を結成した。

青木幹雄官房長官によると、小渕は倒れた直後、青木に対して「後はよろしく」と辞意を伝えたとされる。自民党内は小渕後継をめぐって混乱。青木官房長官、森幹事長、野中広務幹事長代理、亀井静香政調会長、村上正邦《むらかみまさくに》参院自民党議員会長による協議で「後継は森幹事長で」と合意し、森総裁・首相選出の流れが固まった。この話し合いが「五人組の密室談合」として批判を浴びることになる。

小渕政権は約二年で幕を閉じたが、九八年一〇月には訪日した韓国の金大中《キムデジュン》大統領との首脳会談で「未来志向の日韓関係」で合意。日韓の文化交流進展のきっかけとなった。九九年四月には二〇〇〇年のG8サミット（主要国首脳会議）を沖縄で開催することを決定。沖縄県民から歓迎された。小渕首相は学生時代から沖縄問題に関心を持って、たびたび訪問。地元には多くの知人がいた。米軍基地の過重負担の解決は進まなかったが、サミット開催によって沖縄の基地問題を世界に知ってもらいたいという小渕の思いが実を結んだ。

㊳野中広務（〇〇年四月〜〇〇年一二月）

森首相は野中広務を幹事長に起用した。野中は京都府出身。旧制園部《そのべ》中学卒業後に国鉄に就職した。四五年に陸軍歩兵連隊に配属され、高知県で終戦を迎えた。戦後は青年団活動を続けた後、地元の園部町議、町長を歴任。その後、京都府議を経て副知事を務めた。八三年の衆院補欠選挙で初当選。田中・竹下派で頭角を現し、竹下派分裂の時は小沢一郎と激しく対立。小渕恵三を派閥の後継会長に押し上げた。九三年に自民党が政権を失い、非自民の細川護煕連立政権が発足した時には、衆院予算委員会などで細川首相追及の先頭に立った。村山富市政権で自治相に就き、阪神・淡路大震災やオウム真理教事件で危機管理にあたった。

戦争体験者として「戦争だけは絶対にしてはいけない」が持論。防衛費増額には慎重姿勢を示し、沖縄の米軍基地負担の軽減を訴えた「ハト派」である。

野中は小渕政権が発足した九八年に官房長官に起用され、自民党が参院で少数与党となっている状況を打開するために、まず、小沢一郎が率いていた自由党との連立をまとめ上げた。野中は竹下派が分裂した際には小沢と激しく対立したが、その恩讐《おんしゅう》を超えて「ひれ伏してでも連立をお願いしたい」と、小沢に懇請した。さらに、野中は公明党の冬柴鉄三《ふゆしばてつぞう》幹事長との個人的パイプを活用して、公明党も連立に加わることを要請。九九年には自民、自由、公明三党による連立政権が発足して、小渕政権は安定した。

その野中が幹事長として支えた森首相は、失言を重ねた。〇〇年五月には「日本は天皇を中心とした神の国」と述べ、批判を浴びた。それでも森首相は七月の沖縄サミットを控えて、六月に衆院を解散。総選挙で野中幹事長はフル稼働し、自民党は定数四八〇のうち二三三議席を獲得。公明党（三一議席）、保守党（七議席）と合わせて過半数を維持して森政権は続いた。

〇〇年一一月、森政権を揺さぶる事件が起きる。森首相が内閣改造に踏み切る意向を見せた中で、宏池会会長でもある加藤紘一元幹事長が、野党が提出する内閣不信任案に同調する考えを示したのだ。「森首相では日本が持たない」という加藤の姿勢にはネット上で賛同が広がった。「加藤の乱」と呼ばれた。

もともと野中は、加藤が幹事長だった時に幹事長代理として仕え、ハト派同士で「魂の触れ合う仲」だったという。だが、加藤の造反に対しては「自民党の首相を自民党員が引きずりおろすのは道理に反する」という理由から、加藤支持の議員たちを切り崩した。その結果、加藤支持の動きは広がらず、加藤の側近だった谷垣禎一が「あんたは大将なのだから」と叫んで、加藤が本会議に向かうのを制止する場面もあった。加藤は内閣不信任案を採決する衆院本会議に欠席。加藤支持だった議員の多くも不信任案反対に回った。不信任案は否決され、加藤の乱は鎮圧された。

ただ、野中は、森首相の政治姿勢にも問題があったという立場から、不信任案否決後に辞意を表明。後任の幹事長には、野中が推していた古賀誠《こがまこと》が起用された（野中、一九九六、二〇〇三）。

野中と古賀は戦争体験を共有している。私は、野中から「古賀さんとは二度と戦争をさせないことが政治の最大の仕事だと語り合ってきた仲だ」と聞いたことがある。

㊴古賀誠（〇〇年一二月〜〇一年四月）

古賀誠は福岡県出身。日大卒後、国会議員の秘書を経て八〇年に衆院議員初当選。運輸相、自民党国会対策委員長などを歴任した。宏池会に所属し、会長だった宮澤喜一首相を支えた。官僚出身者が多い宏池会では珍しい「党人派《とうじんは》」だ。古賀は宏池会の中でも、際立った「護憲派」である。自民党内で改憲を急ぐ動きを批判してきた。古賀は後に『憲法九条は世界遺産』という著作も出している。

著書の中で古賀は、本人が二歳の時に出征した父親が三三歳で戦死したことに触れ、「悲しいことに『お父さん』と呼んだことのない人生です」と書いている。そのうえで、こう訴えている。

「戦後七四年、わが国は一度として、まだ他国との戦火を交えたことはありません。平和の国として不戦を貫くことができています。これは憲法九条の力であり、だからこそ憲法九条は世界遺産なのです」（古賀、二〇一九）。

自民党では長く、野中や古賀ら戦争の悲惨さを経験した世代が護憲や平和を唱えてきた。その思いが次の世代に伝わっていないところに、自民党の危うさがある。

古賀は二〇〇〇年の「加藤の乱」の時は国対委員長として、宮澤らとともに加藤の動きに反対した。「森首相への不満があるとしても、自民党議員が野党提出の内閣不信任案に同調するのは筋が通らない」という原則を貫いていた。

その古賀が幹事長として支えた森首相に対しては、自民党内からの不満が収まらず、〇一年夏の参院選を控えて「森降ろし」の動きが強まった。森首相は抗しきれずに、〇一年四月に辞任を表明。後継総裁には小泉純一郎と再登板をめざす橋本龍太郎に加え、麻生太郎、亀井静香も立候補した。

小泉には田中眞紀子やYKKの加藤紘一、山﨑拓らが支援。橋本派の幹部である青木幹雄・参院自民党幹事長も支持した。小泉自身は「自民党が改革しないなら、私が自民党をぶっ壊す」と叫び、街頭では喝采を浴びた。

この総裁選では、自民党の都道府県連に三票ずつ、計一四一が割り振られた。総裁が任期途中で辞任した場合に実施される総裁選では通常、都道府県連に割り振られるのは二票ずつだが、古賀幹事長の「地方の声を重視する」という判断で「三票」に増やされた。投票の結果、地方票では小泉が一二三票を獲得。地方での人気を見せつけた。その勢いに乗って、小泉は議員票を合わせて二九八票を得て、一五五票の橋本に大差をつけて圧勝した。古賀幹事長の判断が小泉勝利を加速する結果となった。小泉は九六年、九八年に続く三度目の総裁選挑戦で勝利した。小泉首相は幹事長に山﨑拓を起用した。

㊵山﨑拓（〇一年四月〜〇三年九月）

山﨑拓は福岡県出身。早稲田大学卒後、福岡県議を経て七二年に衆院議員初当選。中曽根康弘内閣の官房副長官、防衛庁長官、自民党政調会長などを歴任した。中曽根派、渡辺美智雄派に所属した後、渡辺から派閥を引き継いだ。山﨑はＹＫＫの盟友だった小泉首相を国会対策や党運営で支えた。

小泉政権が発足して間もなく迎えた七月の参院選。小泉は全国各地を遊説し、「民間にできることは民間に」「既得権にメスを入れる」と力説した。内容は一般論に過ぎなかったが、聴衆からは喝采が沸いた。投票の結果、改選一二一議席中、自民党は六四議席を獲得。自民党が改選過半数を得るのは一九九二年以来、九年ぶりだった。「自民党をぶっ壊す」と叫んでいた小泉は結果的に自民党の深刻な危機を乗り切ることになった。小泉の派手な言動に隠れていたが、山﨑は幹事長として自民党内の結束維持に奔走していた。

小泉政権は巧みなメディア対策を進めた。小泉首相自身が毎日夕方、報道陣の前でインタビューに応じ、当意即妙の反応を示した。また、新聞や通信社などの硬派メディアだけでなく、女性週刊誌やスポーツ紙などへも積極的に発信した。私はこのメディア状況について、新聞・通信社などの第一列、硬派週刊誌などの第二列、テレビのワイドショーやスポーツ紙などの第三列と分類。小泉政権が第三列メディアを重視し、第一、第二列メディアがあおられたと分析した（星・逢坂、二〇〇六）。

小泉首相は自民党総裁選で「靖国神社を終戦記念日の八月一五日に参拝する」と公約。靖国神社を支えている遺族会の支持を得るためだった。参院選直後の八月一三日、小泉は靖国神社を参拝。終戦記念日ではなかったが、公約を果たした形となった。これに中国や韓国などは強く反発した。山崎幹事長は加藤紘一とともに参拝に慎重論を唱えたが、小泉は受け入れなかった。小泉はその後も首相在任中、年に一度の参拝を続け、中国や韓国との関係悪化の大きな原因となった。

〇一年九月には米国で同時多発テロが発生、多くの犠牲者が出た。イスラム過激派のアルカイダによる犯行と認定され、米国は国連決議を経て、アルカイダの拠点とされたアフガニスタンを攻撃。タリバン政権を倒した。日本に対して米国は貢献を要請。インド洋で米軍などへの給油支援などを実施するための関連法案が提出され、可決、成立した。山崎は防衛庁長官の経験者として与野党の調整作業を進めた。

〇二年九月には小泉首相が電撃的に北朝鮮を訪問した。外務省の田中均《たなかひとし》・アジア太平洋局長が極秘裏に進めていたもので、小泉首相と金正日《キムジョンイル》・朝鮮労働党総書記との首脳会談では、日朝両国が国交正常化をめざすことで一致した。ただ、多くの日本人が北朝鮮に拉致されている事実も確認され、北朝鮮側から五人の生存と横田《よこた》めぐみさんを含む八人の死亡が伝えられた。その後、北朝鮮は秘かに核兵器の開発を進めていたことが米国によって暴露された。拉致問題の全容解明が進まず、核・ミサイル開発がエスカレートしていることから、日朝の国交正常化協議はメドが立っていない。

小泉は〇三年九月の自民党総裁選で再選を果たし、山﨑を副総裁に昇格させて、後任幹事長には安倍晋三官房副長官を抜擢した。

4　安倍晋三から五五代茂木敏充まで

㊶安倍晋三（〇三年九月〜〇四年九月）

安倍晋三は山口県出身。成蹊《せいけい》大学卒後、神戸製鋼に勤務した後、父親の晋太郎の秘書となった。晋太郎の死去を受けて、九三年に衆院議員初当選。岸田文雄、野田聖子《のだせいこ》らが同期だ。自民党内では安倍晋太郎派の流れを継ぐ三塚派、森派に所属。社会労働部会長（現厚生労働部会長）を務め、社会保障政策などを勉強した。〇〇年に発足した森喜朗政権が解散・総選挙に踏み切った後の第二次森内閣で、安倍は若手政治家の登竜門である官房副長官に就任。続く小泉純一郎政権でも続投し、「保守派のホープ」といわれた。

当選三回だった安倍の幹事長就任は、年功序列が続く自民党内では異例の起用であり、小泉首相が安倍を有力な後継者と考えていることが示された。祖父の岸信介、父の晋太郎に次ぐ三代の幹事長就任であり、岸・安倍の系譜が自民党内に強い影響力を維持していることを象徴している。

小泉首相は〇三年一〇月に衆院を解散。総選挙では「小泉改革の是非」が争点となった。安倍は幹事長として全国各地を遊説し、自民党の世代交代を印象付けた。一一月の投票の結果、自民党は改選前の二四七議席を下回り、二三七議席にとどまった。野党は、小沢一郎が率いる自由党が菅直人《かんなおと》代表の民主党に合流し、この選挙では一七七議席を得て、躍進した。小泉政権の不良債権処理や公共事業の削減などで地方の経済が打撃を受け、不満が広がったことが民主党には追い風となった。

〇四年七月の参院選は小泉自民党と岡田克也代表の民主党との対決となった。結果は自民党四九議席に対して、民主党が一議席上回る五〇議席を獲得。小泉改革に対する不満が選挙結果に表れた。「選挙に強い」と言われた小泉首相・安倍幹事長ラインの求心力が低下した。それでも小泉は持論の郵政民営化を推進。九月には臨時閣議で「郵政民営化の基本方針」を決定した。さらに、内閣改造・自民党役員人事に着手。郵政民営化に慎重だった安倍幹事長を幹事長代理に降格し、後任には武部勤を起用した。

安倍はその後、小泉政権の官房長官を務めた後、〇六年の自民党総裁選を勝ち抜いて総裁・首相に就任。ただ、〇七年の参院選で自民党が敗北したため、第一次安倍政権は一年で終焉した。福田康夫、麻生太郎両政権も混迷し、自民党は〇九年には民主党に政権を明け渡した。自民党は三年余りの野党暮らしを経て、一二年に安倍が再び総裁に復権。自民党も政権を取り戻した。第二次安倍政権は七年八カ月に及んだ。新型コロナウイルスの感染拡大を受けて安倍は退陣。安倍は二二年七月、参院選の応援演説の最中に銃撃されて死去した。逮捕・起訴された山上徹也《やまがみてつや》被告は母親が世界平和統一家庭連合（旧統一教会）への多額献金を続けて家庭が崩壊し、安倍がこの教団の集会などで演説していたことから恨みを抱いていたという。この事件を契機に、旧統一教会と自民党との関係が問われた。

㊷武部勤（〇四年九月〜〇六年九月）

安倍の後任となった武部勤は北海道出身。早稲田大学卒後、北海道議を経て一九八六年に衆院議員に初当選し、渡辺美智雄、山﨑拓の派閥に所属した。農水相や衆院議院運営委員長などを歴任。小泉首相は郵政民営化を進めるうえで小泉の意向を完全に受け入れる幹事長として武部を起用した。自民党内では武部を「偉大なるイエスマン」と呼んでいた。

小泉首相は、夏の参院選で自民党公認候補として当選した竹中平蔵《たけなかへいぞう》を経済財政相と郵政民営化担当相を兼務させ、郵政民営化の関連法案づくりを進めた。自民党内では、武部幹事長ら推進派に対して、①政局的に反小泉の亀井静香ら②郵政相を経験し、郵政事業との関わりが深い野田聖子ら③地方経済の疲弊を危惧する堀内光雄《ほりうちみつお》ら、のグループがいた。それでも小泉首相は〇五年四月に郵政民営化の関連法案を閣議決定し、国会に提出した。自民党内の反発は収まらなかったが、七月になって法案は衆院の特別委員会で可決され、本会議でも自民党議員三七人が反対したが、賛成二三三票、反対二二八票で、僅差で可決された。

法案審議は参院に移った。自民党内の反対の動きは広がり、亀井らは「参院で否決されれば、法案は廃案となり、小泉首相は退陣する」とみていた。八月、参院本会議での採決の結果、賛成一〇八票、反対一二五票で法案は否決された。自民党から二二人が反対に回ったのが原因だった。

小泉首相は参院で否決されたにもかかわらず、衆院の解散・総選挙に踏み切った。記者会見で「郵政民営化が必要かどうか、国民の声を聞く」と言明し、世論調査では小泉首相を支持する意見が急増。「小泉劇場」と言われた。武部幹事長は小泉首相を全面支援。解散・総選挙に向けて、郵政民営化法案に反対した自民党議員は公認せず、対立候補を発掘した。「刺《し》客《かく》」と呼ばれる候補である。

亀井静香（広島六区）には実業家の堀江《ほりえ》貴文《たかふみ》、小林興起《こばやしこうき》（東京一〇区）には小池百合子《こいけゆりこ》、野田聖子（岐阜一区）にはエコノミストの佐藤ゆかりといった候補が自民党公認とされた。私は当時、衆院鹿児島五区（鹿屋市《かのやし》など）を取材した。現職の森山裕は郵政民営化法案に反対したので公認されず、新顔候補が自民党公認とされた。武部はこの公認候補を応援するためにヘリコプターで鹿屋市に入り、街頭演説では「みなさん！　森山さんは自民党には戻りません」と声を張り上げていた（星、二〇一九）。

選挙結果は、自民党が四八〇議席中二九六議席を獲得、圧勝した。民主党は一一三議席にとどまり、岡田克也代表は辞任した。郵政造反組では、亀井静香、野田聖子、森山裕らは当選。小林興起らは落選した。

武部幹事長は、選挙での活躍が評価され、続投した。郵政民営化法案は再提出され、衆参両院で可決、成立した。もっとも、当時、自民党政調会長として政策の実務を担っていた与謝野馨《よさのかおる》は、郵政民営化について、こう語っていた。

「世の中は郵政民営化で大騒ぎしているが、財政再建や社会保障の見直しに比べれば大した問題ではない。（中略）銀行や地域社会との折り合いをつけて、徐々に民営化していけばよいだけの話だ」（星、二〇一九）。

政策的には重要とは言えないのに、小泉首相が政局的に大きな問題にしていったという見方である。

小泉首相は念願の郵政民営化が実現した後はほかの政策課題には関心を示さず、〇六年秋の自民党総裁任期切れを待って辞任。後継を選ぶ総裁選には安倍晋三、麻生太郎、谷垣禎一が立候補。安倍が勝利して総裁・首相に選出された。幹事長には安倍と同じ森派の中《なか》川秀直《がわひでなお》が起用された。

㊸中川秀直（〇六年九月〜〇七年八月）

中川秀直は東京都出身。日本経済新聞の記者を経て、広島県選出の衆院議員中川俊思《なかがわしゅんじ》の娘婿となり、七六年に衆議院初当選。当初は、河野洋平が創設した新自由クラブに所属した。八〇年の総選挙で、無所属で出馬。当選後に自民党入りした。森喜朗政権で官房長官、小泉純一郎政権で国会対策委員長、政調会長などを歴任した。

政権発足時に安倍は五二歳で、戦後の首相としては最若手。「美しい国」を掲げて新しい保守政治を訴えた。官房長官には安倍氏と同じ森派ではなく、宏池会（当時は丹羽雄哉《にわゆうや》・古賀誠派と名乗っていた）の塩崎恭久《しおざきやすひさ》を起用した。総務相には菅義偉を抜擢。塩崎、菅ともに安倍の盟友だったこともあって「お友達内閣」と呼ばれた。

中川幹事長は経済政策に関心が強く、成長が続けば増税に頼ることなく財政再建が可能という「上げ潮政策」を唱え、安倍政権の経済運営に大きな影響を与えた。

〇七年一月から始まった通常国会は、安倍自民党と小沢一郎が代表となった民主党との全面対決となった。その中で約五〇〇〇万人分の年金記録が誰のものか分からなくなっていることが明らかになった。「消えた年金」問題と呼ばれ、民主党は長妻昭《ながつまあきら》衆院議員を中心に追及。安倍首相らは対応に苦慮した。五月には事務所費の不正計上が追及されていた松岡利勝《まつおかとしかつ》農林水産相が自殺し、政府・自民党内に衝撃が走った。

迎えた七月の参院選で小沢は、地方重視を徹底し、安倍政権を厳しく批判した。投票の結果、自民党は改選の六四議席を大幅に減らす三七議席。民主党は改選三二議席を六〇議席に増やした。二九の「一人区」で自民党が勝ったのはわずか六選挙区だった。小泉政権以来続いた公共事業削減などの新自由主義的政策で地方が疲弊し、安倍政権への批判につながったのが明らかだった。

自民、公明両党は参院での半数を割り込み、衆参で多数派が異なる「ねじれ国会」となった。自民党内では、安倍首相に退陣を求める声が強まったが、安倍首相は続投を表明。内閣改造・自民党役員人事で態勢を立て直そうとした。官房長官は塩崎恭久に代えて与謝《よさ》野馨《のかおる》、幹事長には中川秀直に代えて麻生太郎を、それぞれ起用した。

㊹麻生太郎（〇七年八月〜〇七年九月）

麻生太郎は福岡県出身。吉田茂元首相の孫にあたる。学習院大卒後、企業経営者となり、七六年のカナダ・モントリオール五輪にスキート射撃（クレー射撃の一種目）に日本代表として出場した経験を持つ。七九年に衆院議員初当選。自民党宏池会（当時は大平派）に所属。九九年に河野洋平らとともに宏池会を離脱した。経済企画庁長官、総務相などを歴任。〇六年の総裁選に立候補したが、安倍に敗れ、安倍政権では外相に就任していた。

ただ、安倍政権は内閣改造後も衆参ねじれの状況に苦しめられ、安倍は持病の潰瘍性大腸炎の悪化も加わって退陣を表明。後継を決める総裁選は福田康夫と麻生が競い、福田が勝利した。福田首相は幹事長に伊吹文明《いぶきぶんめい》を起用。麻生幹事長は一カ月余の短命で終わった。

㊺伊吹文明（〇七年九月～〇八年八月）

伊吹文明は京都府出身。京都大学卒後、大蔵省に入り、駐英国大使館員などを経て渡辺美智雄蔵相の秘書官を務めた。八三年に衆院議員初当選。中曽根派を引き継いだ渡辺派に所属した。労働相、文部科学相などを歴任した。福田首相とは個人的に親しく、福田が小泉政権の官房長官だった際には、財政や外交などの政策の助言をしていた。

福田首相は父の福田赳夫が外相や首相に就いた時に秘書官を務め、外交や経済に通じた常識人だったが、国会では参院で多数を占める小沢民主党などの野党の攻勢が続き、福田首相と伊吹幹事長の政局運営は困難を極めた。日本銀行の総裁人事では、福田首相が財務次官経験者で日銀副総裁だった武藤敏郎《むとうとしろう》を推したが、小沢民主党は「財務省出身者は、財政と金融の分離という原則に反するので、認められない」と反対し、実現しなかった。最終的には日銀出身の白川方明《しらかわまさあき》副総裁を総裁に昇格させる人事で与野党が折り合った。

政局の混迷を打開するために福田は小沢と協議を進め、自民、民主両党による「大連立」について大筋合意した。関係者によると、この大連立構想は、読売新聞の渡邉恒雄主筆が仲介したという。だが、民主党が党内で議論した結果、大連立を受け入れないことを確認。大連立は頓挫した。

小沢は一転して政権批判を強め、与党が少数の参院で、政府提出の日銀総裁人事案などを次々と否決。〇八年六月には参院で福田首相の問責決議が可決された。法的拘束力はないが、福田政権にとっては痛手だった。福田首相は八月に内閣改造・自民党役員人事に踏み切り、伊吹幹事長に代わって麻生太郎を起用した。

㊻麻生太郎（〇八年八月〜〇八年九月）

麻生太郎は幹事長に再登板したが、福田首相は九月に退陣を表明。麻生の幹事長在任は二カ月足らずだった。麻生は福田後継を争う総裁選に出馬。石原伸晃《いしはらのぶてる》、小池百合子、石破茂、与謝野馨と争い、勝利した。麻生は首相に就任し、後継の幹事長には森派の細田博之が起用された。

㊼細田博之（〇八年九月〜〇九年九月）

細田博之は島根県出身。東大卒後、通商産業省（現経済産業省）に入り、父の細田《ほそだ》吉蔵《きちぞう》元運輸相の跡を継いで一九九〇年に衆院議員初当選。官房長官や自民党国会対策委員長などを歴任した。

麻生首相は就任直後に衆院の解散・総選挙に打って出るとみられていたが、政権発足直前、米国の大手証券会社リーマン・ブラザーズが経営破綻。その影響で世界経済が失速した。日本経済にも深刻な影響が及び、麻生首相は衆院解散よりも経済対策を優先した。

野党・民主党は、小沢代表の秘書が政治資金問題で逮捕され、小沢が代表を辞任。後任に鳩山由紀夫が選出され、政権批判をさらに強めた。細田幹事長は自民党内の結束固めを進めたが、麻生政権の支持率は低いままで、政局の混乱は続いた。

衆院議員の任期満了を〇九年九月に控えて、麻生首相は七月に衆院を解散。事実上、任期満了の総選挙だった。小泉政権を継いだ安倍、福田、麻生の各政権が混乱続きだったことから、自民党に対する有権者の反応は厳しかった。定数四八〇を争う総選挙は八月三〇日に投開票され、民主党が三〇八議席を獲得して圧勝。自民党は一一九議席にとどまった。

小泉政権で不良債権処理や公共事業削減、社会保障費の抑制といった「新自由主義的政策」が進められた。その後の安倍、福田、麻生各政権で修正が試みられたが、十分とはいえず、地方の不満は収まらなかった。各種メディアの世論調査では、自民党支持層の三割前後が民主党に投票したという結果が出ており、自民党の支持者離れが民主党の勝利へ雪崩現象を起こしたと言える。自民党対民主党という二大政党の対決の結果、自民党が政権を失うという日本政治の大きな転換点となる総選挙だった。

麻生首相は退陣、細田幹事長も交代した。自民党は野党として総裁選挙を実施。谷垣禎一が河野太郎、西村康稔《にしむらやすとし》を抑えて当選。野党・自民党の総裁に就任した。谷垣総裁は幹事長に大島理森《おおしまただもり》を起用した。細田は自民党が政権に復帰した後の二〇二一年一一月に衆院議長に就任したが、体調を崩して二三年一〇月に退任。同一一月に死去した。

㊽大島理森（〇九年九月〜一〇年九月）

大島理森は青森県出身。慶應義塾大卒後、毎日新聞に入社、青森県議を経て一九八三年に衆院議員初当選。自民党の河本派に所属、海部俊樹内閣で官房副長官を務めた。文部科学相、党国会対策委員長などを歴任。党内では、野党との折衝を粘り強くこなす「国対族」の代表として知られていた。

自民党は一九五五年に結党され、長く政権を担ってきた。九三年に非自民の細川護熙政権が発足した時に下野したが、一〇カ月ほどで政権与党に復帰した。今回は二度目の下野だが、衆院での第一党も民主党に明け渡して、大きく差をつけられている。野党暮らしが長期化することも予想され、自民党本部では訪れる官僚や業界代表者が急減。閑古鳥が鳴く状態となった。

大島幹事長は谷垣総裁を支えて、自民党の再建に汗を流した。地方組織との対話や新顔候補の発掘などを通じて「新生自民党」をめざした。大島は野党転落で動揺する党職員に対しても丁寧に対応し、その人柄は高く評価された。

大島幹事長は国会での鳩山政権追及にも力を入れた。〇九年一二月には鳩山首相が母親から毎月一五〇〇万円、年間一億八〇〇〇万円の贈与を受けていたことが明るみに出た。六年間で約一一億円が申告されていなかったため、鳩山首相は約六億円を追加納税した。自民党の与謝野馨は衆院予算委員会で鳩山首相に対して「あなたは平成の脱税王だ」と批判した。

鳩山首相は総選挙のさなかに、沖縄県宜野湾《ぎのわん》市の米軍普天間飛行場の移設について「最低でも県外、できれば国外」と公約していた。政権獲得後もその公約を変更しなかったが、米国側は県内移設を譲らなかった。そのため、鳩山首相は県外移設を断念。責任を取る形で一〇年六月に退陣を表明した。民主党内の選挙を経て、後継には副総理・蔵相を務めていた菅直人が選出された。

菅首相は就任早々、消費税を五%から一〇%に引き上げて子ども手当などの財源にすべきだと提起した。財務相の経験から「財政赤字が増え続ければ、財政破綻が避けられない」という考えに基づくものだが、連立与党だった国民新党の亀井静香代表が反対したほか、民主党内からも反発が強まった。迎えた七月の参院選では、改選一二一議席のうち自民党が五一議席を獲得して改選第一党となった。民主党は四四議席にとどまった。菅首相は続投を表明したが、小沢一郎ら党内の反主流は菅批判を強めた。

谷垣総裁は一〇年九月、党内基盤を強化するため、大島幹事長を副総裁に昇格させ、後任の幹事長に石原伸晃を起用した。大島は自民党が政権に復帰した後の二〇一五年に衆院議長に就任、二一年まで務めた。大島は議長として野党の言い分にも耳を傾け、与野党から「名議長」と評価された。

㊾石原伸晃（一〇年九月〜一二年九月）

石原伸晃は神奈川県出身。石原慎太郎都知事の長男で、慶應義塾大学卒後、日本テレビに入社。政治部記者などを経て、一九九〇年に衆院議員初当選した。金融政策などに通じ、小渕恵三政権の際の金融危機では、塩崎恭久、渡辺喜美《わたなべよしみ》らとともに金融再生策を提案。「政策新人類」と呼ばれた。

石原は当初、谷垣総裁を支えて党内の結束を図り、国会では菅直人政権追及を強めていた。

そして、一一年三月一一日。東日本大震災が発生し、巨大津波が押し寄せてきた。岩手、宮城、福島各県などで津波による人的被害が広がった。東京電力福島第一原子力発電所では、緊急炉心冷却装置を動かす非常用電源にトラブルが発生。原子炉が冷却できない状態に陥った。一二日には第一原発の一号機で水素爆発が起きた。菅政権は混乱した。

菅首相は一五日早朝、首相官邸から車で五分ほどの東京電力本店に乗り込んだ。幹部職員を前に「東京電力が福島第一原発から撤退したら日本の領土の半分が消える」「撤退したら東電は一〇〇％つぶれる」などと明言。この発言を受けて、東電のスタッフは現地に残って、対応し続けた。

東京消防庁の消防車による給水や自衛隊のヘリコプターからの給水などが続き、原発の爆発は収まったが、放射能の被害は拡大した。菅首相は危機対応のために谷垣総裁に対して、民主、自民両党による「大連立」を提案。谷垣は大島副総裁、石原幹事長と対応を協議した結果、拒否することを決めて菅首相に通告した。

菅首相は、経済財政相に起用していた与謝野馨を中心に消費税増税のプランを策定させていた。六月には消費税を五％から一〇％に引き上げることを柱とする「税と社会保障の一体改革案」を発表したが、民主党内にも反発が広がり、実現の見通しは立たなかった。八月、菅首相は退陣を表明。後継の民主党代表・首相には野田佳彦《のだよしひこ》財務相が選出された。

年が明けて一二年、野田首相は谷垣総裁と接触を重ね、消費税の引き上げを柱とする「社会保障と税の一体改革案」で合意をめざした。公明党の山口那津男《やまぐちなつお》を含めた話し合いが進み、六月には民主、自民、公明三党が合意した。関連法案が衆院に提出され、賛成は民主、自民、公明三党の三六三票、反対は小沢らの九六票にとどまった。小沢は離党し、新党「国民の生活が第一」を結成。衆院議員三七人、参院議員一二人が参加した。

自民党では、野田首相が唱える消費増税に賛成したのに衆院解散の時期を明言させられなかったとして谷垣総裁に対する不満が強まった。秋には総裁選が控えていたが、谷垣の求心力は低下し、出馬断念に追い込まれた。石原幹事長は当初、谷垣を支える立場を示していたが、自ら総裁選に立候補することを表明。麻生太郎元首相は「石原は谷垣側近なのに裏切った。織田信長《おだのぶなが》を討った明智光秀《あけちみつひで》と同じだ」と語った。

総裁選には石原に加え、安倍晋三、石破茂、林芳正《はやしよしまさ》、町村信孝《まちむらのぶたか》が立候補した。議員票では石原、地方票では石破が優勢とみられていたが、合計では①石破②安倍③石原④町村⑤林、の順で過半数を得た候補がいなかったため、上位二人の石破、安倍による決選投票となった。その結果、安倍が逆転勝利し、五年ぶりに総裁に返り咲いた。安倍は党内融和のため、幹事長に石破を充てた。

石原はその後、独自の派閥・石原派を率いたが、二〇二一年の衆院選で、選挙区の東京八区で落選。比例復活もできずに政界引退に追い込まれた。

㊿石破茂（一二年九月〜一四年九月）

石破茂は鳥取県出身。慶應義塾大学卒後、三井銀行（現三井住友銀行）に就職した。鳥取県知事や参院議員を務めた父・二朗《じろう》の死去を受けて銀行を退社、田中角栄の書生となって、一九八六年に衆院議員初当選。政治改革をめぐって自民党が分裂した九三年には自民党を離党。小沢一郎が率いる新生党に加わり、自民党に対抗する勢力として結成された新進党にも参加した。自民党が政権に復帰したのを受けて、九七年には自民党に復党。防衛庁長官、農水相などを歴任した。

自民党が下野した九三年に幹事長を務めた森喜朗は「自民党が一番苦しかった時に離党した石破は許せない」と語っていた。

安倍総裁と石破幹事長は、民主党の野田佳彦政権を厳しく批判。一二年一二月、衆院の解散・総選挙に追い込み、自民党は圧勝して政権を奪還した。安倍首相は官房長官に菅義偉《すがよしひで》を抜擢。麻生太郎を副総理・財務相、岸田文雄を外相に充て、石破幹事長を続投させた。

安倍首相は就任早々、金融緩和による経済再生策を打ち出し、「アベノミクス」と命名した。一三年四月には、日銀総裁を白川方明から黒田東彦《くろだはるひこ》元財務官に交代させた。黒田総裁はアベノミクスを推進する方策として、国債の買い入れを大幅に増やして消費者物価を二年で二％上昇させると表明した。これを受けて為替相場は円安に振れ、株価は急上昇した。アベノミクスは当面の景気対策としては効果を上げたが、その副作用は後になって日本経済を蝕むことになる。

安倍総裁と石破幹事長は、自民党内で交わることのないライバルだった。安倍は、保守派の頭目である岸信介元首相の孫であり、岸派・福田赳夫派に連なる森派に所属。石破は福田のライバルだった田中角栄の書生を務め、田中派を継いだ竹下派に所属。政治改革をめぐって自民党を離党し、小沢一郎のグループにも加わった。経済政策では、安倍が財政再建よりも経済成長を重視したのに対し、石破は財政再建の必要性を説いていた。

安倍は持論である集団的自衛権の行使容認に向けて、行使を「違憲」としてきた従来の憲法解釈の変更に向けて動き出し、一四年七月には、閣議で憲法解釈変更を決めた。石破は集団的自衛権の行使を認めるには憲法を改正するのが筋だという立場だったが、安倍は受け入れなかった。安倍は九月に内閣改造・自民党役員人事に踏み切り、石破は幹事長から地方創生相に横すべり。後任の幹事長には石破に代わって谷垣禎一を起用した。

㊿谷垣禎一（一四年九月〜一六年八月）

谷垣禎一は京都府出身。東大卒後、司法試験に合格し、弁護士として活動していたが、父・専一《せんいち》の死去を受けて一九八三年の衆院補欠選挙で初当選。谷垣は宏池会に所属し、二〇〇〇年の加藤の乱では、加藤が森喜朗内閣の不信任案に賛成するために単独で衆院本会議場に向かうのを「あんたは大将なのだから」と涙ながらに訴えて阻止した。小泉純一郎政権では財務相に就任。〇九年に自民党が下野した際には総裁選に立候補して当選。野党・自民党を三年間率いたが、一二年の総裁選では党内に支持が広がらずに出馬を断念した。

谷垣は〇六年の自民党総裁選に立候補した際、対立候補の安倍晋三と極東軍事裁判（東京裁判）について論争。安倍が米国によって押し付けられた裁判だったという立場をとったのに対し、谷垣は日本が敗戦した以上、政治の責任を明確にする必要があったという見解を示した。保守派の安倍とリベラル派の谷垣との間には歴史観などで隔たりがあったが、安倍はあえて谷垣を登用した。安倍は、谷垣を起用した理由について「谷垣が『党内がこの人ならしょうがない』と納得する人、党内運営を任せられること、党内秩序を重視する性格だったこと」を挙げている（アジア・パシフィック・イニシアティブ、二〇二二）。

安倍首相は一四年一一月、消費税率を一五年一〇月に八％から一〇％に引き上げる予定を一七年四月に延期する方針を表明。その是非を問うための衆院解散・総選挙に打って出た。「増税延期」選挙を仕掛けたのである。「財政再建派」の谷垣幹事長としては釈然としない判断だったが、谷垣は「解散は首相の専権事項」という原則に従った。選挙結果は、自民党が四議席減らしたものの二九一議席の圧倒多数を維持。安倍政権の基盤は強化された。

安倍は、集団的自衛権の行使を容認するための安全保障法制を成立させようと狙っており、そのためにも党内リベラル派の取り込みが欠かせないと判断。谷垣の幹事長起用に踏み切ったとみられる。

実際、谷垣幹事長は安保法制について、集団的自衛権の行使が限定的ならば憲法九条に反しないという考えを示し、関連法案の審議を促進した。多くの憲法学者は安保法制に対して「違憲」の見解を示し、国会周辺では連日、市民団体による大規模な反対デモが繰り広げられたが、安倍首相は衆参両院で採決を強行。関連法は一五年九月に可決、成立した。

一六年七月、谷垣幹事長は不慮の事故を起こした。趣味の自転車で走行中に転倒、頸髄を損傷する大けがを負った。谷垣は幹事長の職務を続けるのは困難と判断して、安倍首相に辞意を伝えた。安倍首相は八月の内閣改造・党役員人事に合わせて後任の幹事長に二階俊博総務会長を起用した。谷垣にとっては無念の交代だった。谷垣は一七年の総選挙には出馬せずに政界を引退。その後はリハビリに励み、時には政治問題で発言できるところまで回復した。

谷垣は東京の私立麻布高校で剣道に励み、東大では山岳部に所属。一方で中国の古典にも通じるなど、スポーツマンであり、教養人である。自民党の政治家にはかつて、前尾繁三郎、坂田《さかた》道太《みちた》、細田吉蔵などの読書家、教養人がいたが、そういうタイプが少なくなった。それが自民党全体の力量低下を生んでいることは間違いない。

㊽㊾二階俊博（一六年八月〜二一年一〇月）

二階俊博は和歌山県出身。中央大学卒業後、国会議員秘書を経て和歌山県議から一九八三年、衆院議員に初当選した。先述したように、二階は政治改革論議の中で、小沢一郎の下で自民党を離党。その後、小沢と袂を分かって自民党に復党した。そうした経歴にも関わらず、自民党内で勢力を広げ、独自の派閥を結成。国会対策委員長、総務会長を経て幹事長にまで上り詰めた。

安倍首相は、二階を幹事長に起用した理由について「党内運営を任せられること、首相に忠誠を誓うこと、安倍氏の後をうかがう恐れのないことだった」という（アジア・パシフィック・イニシアティブ、二〇二二）。

二階は、安倍政権の幹事長として二〇一七年の総選挙勝利に貢献。一九年の参院選で自民党は議席を減らし、参院での単独過半数は維持できなかったが、公明党を合わせた与党の過半数は確保。安倍政権は継続した。

ただ、安倍長期政権も新型コロナウイルスの感染拡大に対応できず、大きく揺らいだ。病床が逼迫《ひっぱく》し、医療体制の不備が露呈。デジタル化の遅れで給付金の支払いも遅れた。安倍政権は学校の一斉休校や使えないマスクの配布などで迷走。安倍首相は二〇年夏、持病の潰瘍性大腸炎の悪化も加わって、退陣を表明した。後継を決める総裁選には菅義偉官房長官、岸田文雄元外相、石破茂元幹事長が立候補し、菅が圧勝。二階は、菅に立候補を促していた経緯もあり、幹事長続投となった。

菅政権は、コロナ対策としてワクチン接種を加速。デジタル化の遅れを挽回しようと省庁横断のデジタル庁を新設するための関連法を整備するなどの対応を進めた。それでも、コロナの感染拡大は収まらず、菅政権の支持率は低迷。菅は二一年九月の自民党総裁選への出馬断念に追い込まれ、政権は一年で幕を閉じた。

後継を決める総裁選には岸田文雄、河野太郎、高市早苗《たかいちさなえ》、野田聖子が立候補。この中で岸田は、幹事長など自民党の役員について、同一ポストに三年以上就くことを禁じると表明した。幹事長在任五年余となる二階を念頭に置いた発言だった。岸田の姿勢に反発した二階は、菅、石破らとともに河野を推した。一般党員参加の第一回投票では河野が一位、岸田が二位で二人の決選投票となった。高市を推していた安倍が岸田を支持したことなどから、決選投票では岸田が逆転勝利。岸田総裁・首相は、幹事長に甘利明《あまりあきら》を起用した。二階の幹事長在任は歴代最多の一八八五日だった。

㊹甘利明（二一年一〇月〜二一年一一月）

甘利明は神奈川県出身。慶應義塾大学卒後、ソニーに勤務した後、衆院議員だった父・正《ただし》の秘書を務めた。正の引退表明を受けて一九八三年、河野洋平が結党した新自由クラブ公認で立候補、初当選した。八六年に自民党に入党。中曽根派、山﨑派などを経て麻生派に所属、労働相、経産相などを歴任した。第二次安倍晋三政権では経済財政相としてＴＰＰ（環太平洋経済連携協定）の締結交渉を進めた。二一年の総裁選では、麻生の下で早くから岸田文雄を支持。岸田政権誕生の功労者として幹事長ポストを得た。

ところが、岸田政権発足直後の解散・総選挙で甘利は選挙区の神奈川一三区で立憲民主党の新顔・太栄志《ふとりひでし》に敗れ、比例復活で当選した。自民党の現職幹事長が選挙区で敗れたのは初めてである。甘利は在任三五日間で退任。後任幹事長には茂木敏充外相が起用された。

㊺茂木敏充（二一年一一月〜）

茂木敏充は栃木県出身。東大卒後、読売新聞、コンサルティング会社などを経て、一九九三年、細川護熙が結党した日本新党の公認で、衆院栃木二区で初当選。翌年には、当時の野党が結集した新進党には加わらず、無所属となった。その後、自民党に入党し、当選を重ねた。経済財政相、経産相、外相、党選対委員長、政調会長などを歴任した。

竹下派の系譜である小渕派、額賀派、竹下亘《たけしたわたる》派に所属。幹事長就任直後に竹下亘が死去したことを受けて派閥会長に就任した。ただ、当時の竹下派に影響力を持っていた青木幹雄元官房長官は竹下亘の後継に船田元《ふなだはじめ》を推すなど、茂木派内の結束は乱れていた。岸田政権で茂木幹事長は、岸田首相、麻生太郎副総裁とともに主流派を形成。「三頭政治」と呼ばれた。二二年七月には安倍晋三元首相が選挙遊説中に銃撃されて死去した。茂木らを全面支持していた安倍の死去で自民党内の力関係にも変化が生じていた。さらに、二〇二三年秋に発覚した安倍派などの裏金問題に対して、茂木は積極的に動こうとせず、岸田首相（総裁）との間で隙間風が吹き始めた。

自民党の裏金事件を受けて、岸田首相が「派閥解散」を打ち出し、茂木幹事長は当初、茂木派を存続させる意向だったが、小渕優子《おぶちゆうこ》選対委員長、関口昌一《せきぐちまさかず》参院自民党議員会長ら有力議員の退会が相次いだため、茂木幹事長は茂木派の解散を決めた。茂木幹事長は派閥裏金問題に関与した議員らの処分を担当したが、リーダーシップを発揮することはできなかった。再発防止のための政治資金規正法の改正でも、幹事長に年間一〇億円規模で提供されてきた政策活動費などで踏み込み不足が目立った。

茂木は主要閣僚を経験し、派閥を率いていることから、ポスト岸田の有力候補といわれてきた。ただ、外交や経済などの政策には詳しいものの、閣僚を務めた役所では官僚たちに厳しく当たり、自民党役員の時は党職員と気さくに接することがない。「人望がない」という評価がついて回る。その結果、各種の世論調査などでも「次の首相」としてのランクは低いままだ。自民党幹事長に求められる「人間力」に欠けていることから、総裁・首相への道は開けてこない。

第3章

様々な幹事長タイプ

岸信介から茂木敏充まで歴代の自民党幹事長を振り返ってみた。多士済々、くせの強い政治家が並ぶ。その中で、幹事長というポストの意味を考えてみよう。

1　三角大福中は全員幹事長経験者

一九七二年、長期政権だった佐藤栄作首相が退陣。「ポスト佐藤」を田中角栄、福田赳夫という幹事長経験者が争った。角福戦争である。田中は佐藤栄作政権で二度、福田は岸信介政権と佐藤政権で一度ずつ、それぞれ幹事長を務めて政治力を蓄えた。田中は蔵相、通産相など、福田は蔵相、外相などの主要閣僚をそれぞれ歴任。その二人が総裁選で激突したのだ。結果は中国との国交正常化を掲げ、大平正芳、中曽根康弘という派閥領袖を味方につけた田中の勝利となったが、角福の確執はその後も長く続いた。

七四年、田中が金脈問題で退陣すると、後継には「クリーン」を標榜していた三木武夫が就いた。三木は五六年、岸信介幹事長を引き継いで自民党二代目の幹事長に就任。六四年には池田勇人政権の幹事長にも就いている。三木は政界を巧みに泳ぎ渡る「バルカン政治家」と呼ばれ、田中の後の首相としても、ロッキード事件の全容解明などを訴えて、政権存続を図った。それでも政権は二年で終焉。後継の総裁・首相には福田が就いた。

福田は一般党員参加の総裁選で大平正芳幹事長と争ったが、田中の全面支援を受けた大平が勝利。一般党員の投票を「天の声」と尊重する姿勢を示していた福田は「天の声にも変な声もある」というせりふを残して退陣した。大平が衆参同日選のさなかに倒れて死去した後は、同じ宏池会の鈴木善幸が継いだ。鈴木の後は、田中の支援を受けた中曽根康弘が総裁・首相に就任。中曽根も三木政権の幹事長を務めている。

一九七〇～八〇年代の自民党政治の主役だった「三角大福中《さんかくだいふくちゅう》」は全員が首相に就いたが、五人とも幹事長を経験している。五人は幹事長として自民党という巨大組織の運営術を身につけた。国政選挙に向けては、財界に対して資金提供を求め、自民党内では人材発掘や重点選挙区へのてこ入れなどを進めた。国会対策では野党とのパイプをつくり、政策面では霞が関の官僚たちと意見交換を重ねた。その成果の上に総裁・首相に上り詰めていった。人心を収攬する「人間力」も試された。まさに幹事長は首相への登竜門だったことが分かる。

三角大福中の次の時代は、安倍晋太郎、竹下登、宮澤喜一の「安竹宮《あんちくみや》」が首相の座を争った。ポスト中曽根を決める一九八七年の総裁選では、中曽根の裁定で竹下と決まった。

竹下は佐藤栄作門下の兄貴分でもあった田中角栄が、幹事長や首相をこなしながら最大派閥を運営していた手法を学んだ。さらに竹下は、蔵相として大蔵官僚を味方に引き込んだ。その後、中曽根政権の幹事長として国会対策や選挙を取り仕切った。安倍は、ポスト中曽根を争う総裁選では竹下に敗れたが、竹下政権で幹事長に就任。消費税導入に尽力したが、体調を崩して、首相にはたどり着けなかった。宮澤は国際派、政策通として外相、蔵相、通産相などをこなしたが、国会対策や選挙対策には関心がなく、幹事長とは縁遠かった。安竹宮では竹下、宮澤の二人が首相になったが、幹事長経験者は安倍、竹下の二人である。

安竹宮の後は、一九九四年に政治改革関連法が成立して衆院に小選挙区比例代表並立制が導入され、日本の政治システムは大きく変わった。選挙の公認や資金配分などで党本部の権限が強くなった。党のトップである総裁の権力はさらに強まって、幹事長との関係でも、任命権を持つ総裁の優位性が高まった。中選挙区制時代のように、総裁と幹事長がそれぞれの派閥をバックに全面対決するような構図は見られなくなった。

2　竹下派「七奉行」の幹事長争い

一九八七年、中曽根康弘政権を引き継いで竹下登政権が発足した時、日本政治は「安定」局面に入ったかに見えた。田中角栄元首相がロッキード事件の裁判を争いながら政権を牛耳るという異常な構造に対して、竹下が田中派内の抗争の末に竹下派を結成。最大派閥を維持して政権にたどり着いたからだ。竹下首相は懸案だった消費税導入を成し遂げ、社会保障の財源を確保した。だが、リクルート社が関連会社の未公開株を政官財の有力者にバラまいていた事件が発覚し、竹下首相は退陣に追い込まれた。最大派閥の竹下派は動揺し、「七奉行」と呼ばれた幹部たち（橋本龍太郎、小渕恵三、小沢一郎、羽田孜、梶山静六、渡部恒三、奥田敬和）は、それぞれの利害得失が絡んで、対立し始めた。

最初の争いは、幹事長ポストの争奪戦として繰り広げられた。自民党では総裁と幹事長は別の派閥とする「総幹分離《そうかんぶんり》」が暗黙の了解となっていた。竹下首相・総裁が退陣し、当面は竹下派からの総裁・首相は期待できない。そのため、七奉行たちは「ナンバー2」の幹事長をめざしたのである。

最初に幹事長に就いたのは橋本だった。八九年、ポスト竹下の宇野宗佑政権で幹事長に起用され、参院選で全国を走り回った。しかし、選挙は惨敗。宇野政権は約二カ月で幕を閉じ、橋本も幹事長ポストを去った。次の海部俊樹政権では小沢が四七歳の若さで幹事長に抜擢された。小沢は九〇年の衆院解散・総選挙で自民党の過半数を確保、幹事長としての党内基盤を固めた。だが、翌年の東京都知事選で自民党が推す候補が大敗する流れとなって、幹事長を辞任。後任には小渕が起用された。そのころ竹下派内では小沢グループと反小沢グループとの主導権争いが強まっており、小渕は反小沢グループに推されていた。

海部首相は、衆院に比例代表並立制を導入する政治改革を推進しようとしていたが、自民党内では異論が強く、まとめ切れていなかった。海部首相は「重大な決意」を表明。衆院解散・総選挙で局面を打開しようとしたが、竹下派を牛耳っていた小沢が強く反対した。解散は阻止され、海部は退陣に追い込まれた。小渕も幹事長を辞任した。続く宮澤喜一政権では竹下派の「中間派」といわれた綿貫民輔が幹事長に起用されたが、その後任には「反小沢」の代表格で「剛腕」と評されていた梶山が就任した。竹下派は小沢派と反小沢派に分裂。派閥会長には小渕が選ばれた。小沢は政治改革をめぐって提出された宮澤内閣不信任案に対して、羽田、渡部、奥田らとともに賛成して自民党を離党。竹下派の抗争は自民党分裂につながった。

八九年から九二年にかけて、橋本、小沢、小渕、梶山という七奉行の四人が幹事長に就いたことになる。その後、橋本、小渕は首相にまで上り詰めた。四人以外でも渡部は竹下政権の国対委員長、奥田は海部政権の国対委員長をそれぞれ務めている。羽田は幹事長や国対委員長は務めなかったが、九四年に首相に就任した。八〇年代から九〇年代にかけて、七奉行が日本政治の中枢を担っていたことが分かる。

3　突出する「岸・安倍三代」

七〇年近く続く自民党幹事長の歴史の中で、特別な存在がある。初代の岸信介（一九五五〜五六年）、一八代の安倍晋太郎（八七〜八九年）、四一代の安倍晋三（〇三〜〇四年）が三代にわたって務めているのだ。

岸は一九五五年に自由党と日本民主党が合同して自民党を結党した際、鳩山一郎首相の下で初代幹事長に就任。自民党本部の組織づくりなどを進めた。その後、鳩山後継を選ぶ総裁選では、第一回投票で一位になったものの、決選投票では石橋湛山に敗れた。石橋が病気のために短期間で首相を辞任すると、五七年の総裁選で総裁に選ばれ、首相に就いた。

岸首相は日米安全保障条約を改定。日米安保条約を、①米軍の配置や行動について日米両政府で協議できる、②日本の内乱に米軍が出動できる条項を削除する、③在日米軍は日本以外に「極東地域」の防衛も担う、などと改めた。これに対して野党の社会党や共産党、労働団体に加え学生団体も「日本が米国の戦争に巻き込まれる」などと反発。国会周辺では連日大規模なデモが繰り広げられた。デモに参加した東大の女子大生が死亡、反対運動はさらに拡大した。条約改定案は衆院で強行採決され、参院で自然成立。岸首相は混乱の責任を取る形で退陣した。後継の首相には、岸の強硬路線に批判的だった宏池会の池田勇人が就いた。池田は「寛容と忍耐」を掲げて国民との対話路線を打ち出し、安保問題とは打って変わって「所得倍増」という経済問題を重視する姿勢を示した。池田首相のペース・チェンジは功を奏し、自民党は六〇年安保という難局を乗り切った。

安倍晋太郎は山口県選出の安倍寛《あべかん》衆院議員の長男だ。安倍寛は太平洋戦争中の衆院選で大政翼賛会から「非推薦」とされるなど、リベラル派として知られた。晋太郎もその気質を受け継いでいた。東大卒後、当時はリベラル系とされていた毎日新聞に入り、政治部記者となった。そこで郷里山口の先輩でもある岸信介の紹介で、娘の洋子《ようこ》と結婚。岸の後継者となった。晋太郎は自民党福田派の幹部として官房長官、通産相、外相などを歴任。中曽根康弘首相の後継を選ぶ八七年の総裁選に出馬表明し、竹下登、宮澤喜一と争った。安倍晋太郎は外相経験などから有力と目されていたが、竹下に敗れ、竹下政権では幹事長に就任した。竹下後継の総裁・首相をめざしていたが、リクルート事件で未公開株を譲渡されていたことが発覚。さらに、体調を崩して総裁・首相への道は閉ざされた。安倍は失意のうちに九一年に死去。子息の晋三が後継者となった。

安倍晋三は九三年の衆院選で初当選。ただ、その選挙で自民党は半数に届かず、日本新党の代表だった細川護熙を首相とする非自民連立政権が発足した。安倍晋三は野党議員として政治活動をスタートさせた。自民党は政権復帰のために社会党の村山富市委員長を首相に担ぎ、社会党、新党さきがけとともに連立政権をつくったが、安倍は保守の立場から自社さ路線には不信感を抱いていた。

橋本龍太郎政権（一九九六～九八年）で自社さ連立は解消され、安倍は森喜朗政権（二〇〇〇～〇一年）で官房副長官に抜擢され、政権の中枢に加わった。続く小泉純一郎政権でも副長官にとどまり、〇三年には自民党幹事長に抜擢された。しかし、〇三年の総選挙で小泉自民党は伸び悩み、〇四年の参院選では岡田克也代表率いる民主党が五〇議席を得たのに対して、小泉自民党は四九議席にとどまった。小泉首相は安倍を幹事長代理に降格。後任幹事長には武部勤を起用した。安倍はその後、官房長官を経て、〇六年に総裁・首相に就任。戦後の首相では最も若い五二歳だった。

岸信介、安倍晋太郎、安倍晋三という三代の幹事長は空前絶後であり、この系譜が自民党内で中枢を占めていたことを示している。親子の幹事長でさえ例がない。二三年に自民党選挙対策委員長に就いた小渕優子が幹事長になれば、父の恵三に次ぐ。加藤紘一の娘の鮎子《あゆこ》が幹事長になれば親子二代だが、当面はなさそうだ。岸田文雄政権で総務会長に起用された福田達夫が幹事長になれば祖父の赳夫に次ぐが、これもしばらく先のことだろう。

二二年、安倍晋三が銃撃されて死去した。逮捕・起訴された山上徹也被告は、犯行の動機について「母親が旧統一教会（現世界平和統一家庭連合）に多額の献金をして家庭が崩壊した」と供述。安倍が旧統一教会の会合で演説していたことなどから恨みを抱いたという。旧統一教会は、岸―安倍ラインに早くから接近。岸は同教会の文鮮明《ぶんせんめい》総裁とたびたび会談しており、その関係は安倍親子に引き継がれている。

そして、安倍晋三は二〇二〇年、七年八カ月の長期政権を維持した後に退陣。自民党最大派閥の安倍派を率いて、後継の菅義偉、岸田文雄両政権にも大きな影響力を保っていた。そうした中での銃撃事件は、日本社会に大きな衝撃を与えた。さらに、安倍の死去から一年余が過ぎた二〇二三年秋、安倍派の政治資金集めパーティーをめぐる不正が発覚。企業などが購入したパーティー券の代金がいったん派閥に入金された後、所属議員にキックバックされていたことが明らかになったのだ。派閥側も議員側も政治資金収支報告書に記載しておらず、「裏金」との批判を浴びた。安倍派所属の池田佳隆衆院議員が政治資金規正法違反（不記載）の容疑で逮捕、起訴され、谷川弥一衆院議員は略式起訴されて議員辞職。大野泰正参院議員は在宅起訴された。

一〇〇人規模だった安倍派では、約八〇人が裏金を受け取っていたことが自民党のアンケート調査でも確認された。安倍が死去した後の派閥座長を務めていた塩谷立をはじめ、「五人衆」と呼ばれた派閥幹部の萩生田光一《はぎうだこういち》（二七二八万円）、世耕弘成（一五四二万円）、髙木毅（一〇一九万円）、松野博一《まつのひろかず》（一〇五一万円）、西村康稔（一〇〇万円）の不記載も公表された。党執行部による聞き取り調査では、キックバックは約二〇年にわたって続けられていたという。安倍派は解散に追い込まれた。岸、安倍晋太郎、晋三と引き継がれてきた政治集団は約七〇年の歴史に幕を閉じた。

4 総裁との関係

歴代の自民党幹事長が常に考えているのは「総裁との関係」と言ってよいだろう。大半の総裁は時の首相でもある。内閣や党の人事権や政府の予算編成権、そして衆院の解散権という絶大な権力を握る首相とどう向き合うのか。それが、幹事長の頭を悩まし続けてきた。ただ、総裁と幹事長との関係は千差万別。その関係が政権の性格にも直結し、政局の注目点ともなってきた。両者の関係を類型化して、振り返ってみよう。

†子分・イエスマン

歴代幹事長で多く見られるのが、総裁の「子分・イエスマン」タイプだ。

佐藤栄作政権（一九六四〜七二年）下では、佐藤の子分で「ポスト佐藤」をうかがう田中角栄、福田赳夫が幹事長ポストで政治手腕が試された。佐藤は二人を競わせながら使い、長期政権を維持した。田中は二期、福田は一期、幹事長を務めた。大蔵官僚出身の福田はそつなくこなした。党人派である田中は、幹事長ポストを熱望していたこともあり、在任中は国政選挙の陣頭指揮をとり、国会対策でも剛腕ぶりを見せつけた。一九七二年、ポスト佐藤を選ぶ総裁選で佐藤は手堅い福田を後継に描いていたが、党内で急速に支持を拡大した田中が福田を抑えて総裁・首相に就いた。

首相に就いた田中は、直系の子分である橋本登美三郎を幹事長に起用。政府と党を一体で運営した。「今太閤《いまたいこう》」と呼ばれた田中首相は、中国との国交正常化にこぎつけるなど順調なスタートを切った。しかし、その後に「企業ぐるみ」といわれた参院選で敗北。さらに月刊誌『文藝春秋』による金脈批判をうけて田中首相は退陣に追い込まれた。

田中は一九七六年、ロッキード事件で逮捕されたが、最大派閥を率いて隠然たる影響力を維持。七八年の総裁選では、現職の福田赳夫首相に対抗して盟友の大平正芳を擁立した。一般党員参加の総裁選で大平が勝利。大平首相は幹事長に側近の齋藤邦吉を起用した。七九年の総選挙では大平首相が打ち出した「一般消費税」が批判されて、自民党は敗北。党内は大平の責任問題をめぐって紛糾した。自民党内では権力の集中を排除するために総裁と幹事長を別な派閥にすべきだという声が高まり、「総幹分離」と呼ばれた。大平首相はそうした意見を受け入れ、幹事長に中曽根派の櫻内義雄を抜擢した。「総幹分離」はその後、自民党内で不文律として引き継がれていく。

小泉純一郎政権（二〇〇一～〇六年）で、森派の小泉首相は当初、YKK（山﨑拓、加藤紘一、小泉）とよばれた盟友で山﨑派会長でもあった山﨑を幹事長に据えた。「総幹分離」に従った格好だ。しかし、小泉は自民党よりも首相官邸主導の政局運営をめざし、「政高党低《せいこうとうてい》」とも呼ばれた。その流れで小泉は二〇〇三年、同じ森派の安倍晋三を官房副長官から幹事長に抜擢。自民党内からは「森派偏重の人事」という不満も出たが、小泉は意に介さなかった。

安倍幹事長は二〇〇四年の参院選を陣頭指揮したが、自民党は岡田克也代表が率いる民主党に四九議席対五〇議席で惜敗。安倍はその責任を取る形で辞任した。小泉は後任の幹事長に山﨑派の武部勤を幹事長に据えた。武部は小泉とは派閥こそ違っていたものの、小泉が進めようとしていた郵政民営化に全面賛成。閣僚経験も農相だけで自民党三役も務めたことがない武部の幹事長起用は異例で、小泉への忠誠心が決め手となった。武部自身も「偉大なるイエスマン」と自称していた。武部幹事長は郵政民営化を強力に推進し、二〇〇五年に小泉首相が断行した郵政解散・総選挙でも、武部は郵政民営化に反対した自民党議員を公認せず、「刺客」と呼ばれた公認候補をテコ入れ。全国各地を飛び回った。総選挙では小泉自民党が圧勝。武部も続投し、小泉首相が退陣する二〇〇六年まで計二年間、幹事長を務めた。武部はその後、一二年に引退した。

†幹事長優位型

総裁・首相のイエスマンとは逆に、幹事長の方が総裁・首相よりも大きな影響力を持っていたのが海部俊樹政権（一九八九〜九一年）当初の小沢一郎幹事長だ。宇野宗佑政権が二カ月で崩壊したのを受けて、最大派閥・竹下派を取り仕切っていた小沢が主導して海部を総裁選に擁立。圧勝したのを受けて、小沢が幹事長に就いた。海部が所属していた河本派が弱小だったこともあり、海部首相は小沢に頭が上がらなかった。前述したように、九〇年一月の衆院解散も、小沢が主導して決定し、海部首相は全面的に受け入れた。自民党は過半数を維持して海部政権は存続した。小沢は九一年の湾岸戦争を受けて、自衛隊を海外派遣するための法整備（国連平和協力法案）も主導したが、野党の反対にあって廃案に追い込まれた。

小沢は、東京都知事選で自らの推した候補・磯村尚徳が敗退した責任を取って幹事長を辞任したが、なお竹下派幹部として影響力を維持。海部首相が政治改革を推進するために「重大な決意」を表明し、衆院の解散・総選挙に打って出ようとしたのに対して、小沢は解散阻止の動きを強めた。結局、海部は解散を断念し、首相退陣を余儀なくされた。小沢は最大派閥の力を背景に、幹事長として権勢をふるっただけでなく、幹事長退任後も、首相を引きずり下ろすほどの影響力を誇示したのである。

†ライバル型

　幹事長は政権運営の要だから、総裁にとってはできるだけ自分に従順な「子分型」を選びたいのだが、党内の力関係でそうもいかず、総裁の政治的ライバルが幹事長に就いたケースもある。代表的なのが福田赳夫政権（一九七六〜七八年）の大平正芳幹事長だ。福田は、前任の三木武夫首相が党内の「三木降ろし」によって退陣に追い込まれたのを受けて、総裁・首相に就任。福田の政敵だった田中角栄も「三木よりはましだ」という判断で福田擁立を受け入れた。ただ、田中は幹事長に、自らの盟友で福田のライバルでもあった大平を就けることを要求。福田もその人事を受け入れる形で決着した経緯がある。

　福田政権の発足当初は福田首相と大平幹事長は協調姿勢を見せていたが、七八年秋の総裁選が近づくにつれて対立は激化。首相と幹事長が激突するという異例の総裁選となった。一般党員参加の総裁選で、田中派の全面支援を受けた大平が福田を抑えて勝利した。福田は一般党員の投票に向けて「天の声に従う」と述べていたが、敗北の結果を受けて「天の声にも変な声もある」という名セリフを残して退陣した。

　その福田赳夫の長男・康夫は、第一次安倍晋三政権が崩壊したのを受けた二〇〇七年の総裁選で、麻生太郎と一騎打ち。福田は大勝したが、幹事長には総裁選を戦ったライバルである麻生を起用した。党内融和のために麻生の協力を仰いだ格好だ。福田政権は参院で野党・民主党が多数を占める「ねじれ国会」の運営に悩まされた。福田は民主党代表だった小沢一郎と自民、民主両党による「大連立」でいったん合意したが、民主党側が受け入れずに頓挫《とんざ》。福田政権は一年で幕を閉じた。福田は後継を選ぶ総裁選で、事実上、麻生を支持。麻生総裁・首相が誕生したが、その麻生政権も一年の短命で終焉し、自民党は下野、民主党に政権の座を明け渡した。

安倍晋三が、一年で終わった第一次政権の「リベンジ」として再挑戦した二〇一二年の総裁選は、安倍と石破茂との決選投票となった。国会議員による投票の結果、安倍一〇八票、石破八九票で安倍が勝利、自民党総裁に返り咲いた。安倍総裁はライバルだった石破を幹事長に起用し、「党内融和」を演出した。安倍自民党は総選挙でも勝利し、安倍は首相に復帰。安倍首相、石破幹事長は足並みをそろえて政権運営を進めた。ただ、安倍は石破を信頼していたわけではなく、政策的にも隔たりがあった。安倍が掲げていた金融緩和を中心とした経済政策「アベノミクス」に石破は批判的だったし、憲法改正についても、例えば安倍は自衛隊を憲法八条に明記するべきだと主張していたが、石破は自衛隊を「国防軍」として位置付けるべきだと主張するなど、両者の考え方には隔たりがあった。

安倍は二〇一四年九月の自民党役員人事・内閣改造で、石破を地方創生相に横滑りさせ、後任幹事長には谷垣禎一を充てた。ライバルの石破を遠ざけ、政治キャリアでは先輩にあたり、政治的スタンスもタカ派の安倍とは距離のあるハト派の谷垣を幹事長に据えることで、政権の安定を図った人事だった。

†同僚・補完型

総裁と幹事長との関係で多いのは、政治家として当選回数も近い「同僚」を起用するケースだ。

古くは田中角栄首相退陣後の一九七四年に総裁・首相に就いた三木武夫が、「政界風見鶏」と呼ばれていた同世代の中曽根康弘を幹事長に起用した。弱小派閥の領袖だった三木が田中や福田赳夫に対抗するためには、政界の事情に通じた中曽根を使って政権を強化しようとしたのだった。それでも次第に田中、福田両派などによる「三木降ろし」が強まる中で、中曽根も三木との距離を広げて、三木政権は二年で幕を閉じた。

中曽根康弘政権（一九八二～八七年）は、最大派閥・田中派を率いていた田中角栄の主導で発足したこともあって、最初の幹事長には田中の側近だった二階堂進が充てられた。官房長官も田中派の後藤田正晴だったことから、「田中曽根政権」と呼ばれた。中曽根と二階堂は、ほぼ同世代で、中曽根首相は二階堂を通じて田中派の協力を取り付け、政権の安定を図った。

中曽根は二階堂幹事長を二年で交代させ、後任には宏池会（当時は鈴木派）の田中六助を起用。田中六助は持ち前の機動力を発揮して、田中角栄と中曽根との連絡役を務めた。中曾根は、田中六助幹事長を一年で交代させた後、田中派の金丸信、竹下登を相次いで幹事長に起用。田中派を懐柔しながら、長期政権を維持した。

宮澤喜一政権（一九九一〜九三年）の幹事長は綿貫民輔と梶山静六だった。宮澤政権が発足した当初、自民党最大派閥の竹下派は、金丸信会長の下で小沢一郎を支持する勢力と、小沢に反発して元首相の竹下登を慕う「反小沢」勢力との対立が始まっていた。宮澤は竹下派で「中間派」だった綿貫をまず、幹事長に起用して竹下派内の動向を見守った。綿貫は宮澤と同世代で、穏健な人柄には党内の信頼が厚かった。九二年夏の参院選でも自民党は勝利し、宮澤・綿貫体制が続いた。綿貫幹事長の下で国会対策委員長を務めたのが反小沢の急先鋒だった梶山で、その「剛腕」ぶりが党内で評価されていた。

金丸が巨額脱税事件で逮捕され、後継の派閥会長争いが激化。最終的には反小沢の小渕恵三が会長に就き、小沢支持勢力は新派閥結成に動いた。これを受けて九二年一二月、宮澤首相は自民党役員人事・内閣改造に踏み切り、綿貫の後任幹事長に梶山を起用。宮澤首相自身が「反小沢」の姿勢を鮮明にした。梶山は宮澤と同世代だが、大蔵官僚出身の宮澤とは対照的な地方議員（茨城県議）出身の党人派。政治手法も穏健な宮澤とは異なり、剛腕で鳴らした。ただ、二人とも戦争経験者（宮澤は大蔵官僚として、梶山は陸軍の軍人として）であり、「ハト派」としての共通点があったようだ。

それでも、小沢らが仕掛けた政治改革の波が広がり、小沢を支持するグループは宮澤内閣の不信任案に賛成し、可決された。宮澤首相は衆院解散を断行し、自民党は分裂。小沢らの新生党と武村正義らの新党さきがけが総選挙に名乗りを上げた。総選挙の結果を受けて小沢は日本新党代表の細川護熙を非自民連立政権の首相に担ぎ、自民党は結党以来、初めて野党に転落した。

橋本龍太郎政権（一九九六〜九八年）では、宏池会（当時は宮澤派）の加藤紘一が幹事長を務めた。二人は同世代で、ともに世襲議員。橋本は社会保障に詳しく、厚相、運輸相などを経て幹事長代理、幹事長を務めた。加藤は外交官出身で防衛庁長官、官房長官、幹事長代理などを歴任。橋本首相は田中、竹下派を経て、当時は小渕派に所属していたが、群れることがなく、「一匹狼」的な政治家だった。加藤幹事長の下で幹事長代理を務めた野中広務（小渕派）が橋本首相との橋渡し役を果たしたことも、橋本・加藤関係を円滑にした。

九六年の衆院解散・総選挙で自民党が消費税の引き上げ（三％から五％へ）を掲げて戦ったのも、社会保障の財源確保を重視した橋本・加藤の強い意向によるものだった。総選挙では自民党が勝利し、橋本政権は中央省庁の再編などを進めた。ただ、九七年四月からの消費税率引き上げの影響もあって日本経済は低迷。九八年夏の参院選で自民党は惨敗し、橋本・加藤コンビは退場した。

橋本政権を引き継いだ小渕恵三首相・総裁（一九九八～二〇〇〇年）も、幹事長には同世代の森喜朗を起用した。二人は早稲田大学雄弁会で同じ時期を過ごした盟友。小渕は田中角栄、森は福田赳夫の門下に、それぞれ入ったが、親交は続いていた。一九九三年、自民党が初めて野党に転落した際、森は河野洋平総裁の下で幹事長を務め、「野党・自民党」の悲哀を味わった。九四年に自民党が村山富市社会党委員長を首相に担いで政権に復帰した後は、小渕が副総裁に就任。河野総裁、小渕副総裁、森幹事長という体制で自民、社会、新党さきがけの連立政権を維持した。そうした人間関係の積み重ねが、小渕首相の森幹事長起用の背景にあった。

小渕政権の後半には、青木幹雄が参院議員として異例の官房長官に抜擢された。青木は早大雄弁会で小渕、森の先輩にあたり、森は「学生の時は青木さんに食事をごちそうになっていた」という思い出をしばしば語っている。

小泉純一郎政権（二〇〇一～〇六年）では、発足当初に山崎拓が幹事長に就任し、二年半務めた。二人は加藤紘一を加えた「ＹＫＫ」トリオの仲間同士で、それまで自民党を牛耳っていた竹下派に対抗する姿勢を見せていた。小泉は「自民党をぶっ壊す」と叫び、異質のリーダーだった。党内基盤は弱かったが、党内にパイプを持つ山崎の起用で、政権の船出を安定させようという計算があった。

小泉首相は山崎の後任幹事長には、「子分格」である安倍晋三を官房副長官から抜擢。二〇〇四年の参院選の指揮をとらせるが、小泉自民党は岡田克也代表の民主党に惜敗。安倍が引責辞任した後には、小泉の「イエスマン」だった武部勤を起用し、郵政民営化を掲げた衆院解散・総選挙で圧勝した。仲間の山崎、子分の安倍、イエスマンの武部と、小泉は巧みに幹事長人事を続けることで長期政権を維持した。

†挫折の歴史

自民党幹事長は総裁・首相に最も近いポストだ。初代幹事長の岸信介も幹事長を一年務めた後、石橋湛山政権の二カ月を経て総裁・首相に就いた。一九七〇年代から八〇年代まで首相を務めた「三角大福中」（三木武夫、田中角栄、大平正芳、福田赳夫、中曽根康弘）は全員、幹事長を経験して最高権力者にたどり着いた。竹下登の系譜も、竹下自身を含め、橋本龍太郎、小渕恵三が幹事長を経て総裁・首相に上り詰めた。森喜朗、安倍晋三、麻生太郎も幹事長を経験している。

一方で、総裁・首相にあと一歩のところで及ばなかった政治家もいる。安倍晋太郎は、ポスト中曽根を争う一九八七年の総裁選で竹下登、宮澤喜一とつばぜりあいを演じた。外相、官房長官などの閣僚経験や政務調査会長、国会対策委員長などの党務経験も豊富で人望も厚いことから最有力ともみられたが、結果的には竹下に先を越された。安倍晋太郎は、竹下総裁・首相を支える幹事長に就き、次のトップの座を狙ったものの、リクルート事件で未公開株を譲渡されていたことが発覚。ポスト竹下の総裁・首相は、宇野宗佑に譲ることになった。そのころ安倍は、体調を崩しながらも外相時代から進めていた北方領土問題の解決に向けてソ連（現ロシア）側の関係者との会談を重ねていた。しかし、一九九一年五月、志半ばで死去した。晋太郎の息子の晋三は、外相秘書官、幹事長秘書などを務め、晋太郎の無念を実感していた。それが後に晋三の総裁・首相の座への執念となったことは間違いない。

加藤紘一も「首相に最も近い政治家」と言われ続けた。宮澤喜一政権の官房長官などを経て、橋本龍太郎が総裁に就いた一九九五年には幹事長に起用された。当時は村山富市政権で自民党は与党だったが、橋本は首相ではなく通商産業相（現経済産業相）だった。村山首相の退陣後に首相に就いた橋本の下でも加藤は幹事長を続け、橋本政権の要として活躍した。リベラル派の加藤は、連立相手の社民党や新党さきがけの意見にも耳を傾けた。

九六年の衆院解散・総選挙で加藤幹事長の自民党は、小沢一郎が事実上、率いていた新進党を抑えて勝利。この総選挙では、橋本首相、加藤幹事長とも九七年四月に消費税を予定通り三％から五％に引き上げることを主張していた。増税を訴えても選挙に勝利したことは加藤にとって大きな自信となった。

だが、九八年夏の参院選で自民党は大敗。橋本首相は退陣に追い込まれ、加藤も幹事長を辞した。後継総裁・首相には小渕恵三が就いたが、加藤は無役となり、幹事長には森喜朗が起用された。加藤はもともと、小渕との関係は良好だったが、小渕は加藤を警戒していた。九九年の自民党総裁選で加藤は盟友の山﨑拓とともに立候補し、現職の小渕に挑戦した。加藤は「総裁選は政策論争の場だ」と位置付けていたが、小渕は「総裁選は権力闘争。加藤君は俺を追い落とそうとしている」と反発した。総裁選では小渕が勝利し続投。小渕首相、森幹事長と加藤との距離は広がっていった。二〇〇〇年、小渕が脳梗塞で倒れ、森幹事長、青木幹雄官房長官ら政府・与党幹部の五人が後継に森を推すことで一致。「五人組の談合」と批判された。

それでも自民党内では森総裁選出の流れは変わらず、森政権が誕生。加藤は党内の非主流に追いやられていた。森政権は二〇〇〇年六月の解散・総選挙で勝利し、七月には沖縄サミット（主要八カ国首脳会議）も無事にこなした。一一月には内閣改造・自民党役員人事に踏み切る予定だったが、加藤はここで反旗を掲げた。野党の民主党が提出する森内閣不信任案に同調して、森政権を倒すという動きを見せたのだ。「加藤の乱」である。加藤は自ら率いる加藤派（宏池会）と盟友の山﨑が会長の山﨑派の議員たちが不信任案に賛成して、森内閣を倒し、その後は加藤政権を樹立する展開を描いていた。だが、ＹＫＫの一人だった小泉純一郎が森首相を擁護し、加藤シンパだった野中広務幹事長も加藤派の中堅・

若手を切り崩した。野中は後に、この時の苦しい胸の内を、こう明かしている。「『加藤さんは日本にとってなくてはならない人』という思いと、幹事長の職責の間で心は揺れ動いていた」（野中、二〇〇三）。

加藤を支持して不信任案に同調するメンバーはほとんどいなくなった。加藤の乱は不発に終わり、加藤はその後、秘書の脱税事件への関与なども指摘され、自民党を離党。衆院議員も辞職した。その後、復党し、当選を重ねたが、二〇一二年の総選挙では落選。一六年九月に死去した。早くから「宏池会のプリンス」と呼ばれていた加藤にとっては、幹事長時代が政治家としてのピークだった。

谷垣禎一は、加藤の乱で、加藤に向かって「あなたは大将なんだから」と叫び、加藤が単独で衆院本会議に向かおうとするのを制止したシーンで有名だ。その後、谷垣は分裂した加藤派の一部を束ねて、小泉純一郎政権（二〇〇一～〇六年）では財務相などを務めた。〇六年の総裁選に出馬。安倍晋三には敗れたものの、リベラル派の一角を守った。政調会長なども歴任。自民党が野党に転落した二〇〇九年には総裁に就任した。ただ、与党復活が見えてきた一二年の総裁選には、二〇人の推薦人が確保できず、立候補できず、「首相になれなかった総裁」となった。

第二次安倍晋三政権では、法相を経て幹事長に就いた。保守派の安倍としては、リベラル派の谷垣を取り込むことで、政権の幅を広げようという狙いがあった。谷垣幹事長は、政策に通じているうえ、人当たりもソフトで、党内外の評価が高かった。谷垣は安倍より九歳年長だが、安倍の後継としても有力視され始めた。だが、二〇一六年七月、谷垣は趣味のサイクリングで走行中に転倒し、重傷を負った。幹事長を辞任し、後任には二階俊博総務会長が起用された。谷垣は政界を引退。入院が続いたが、根気強くリハビリを続けた。その結果、車いすに乗りながらも、日常会話などには支障がないところまで回復した。

†女性幹事長はいつ誕生するのか

一九五五年の結党時の岸信介から茂木敏充まで続いてきた四三人の自民党幹事長の歴史を振り返って一目瞭然なのは、女性の幹事長がいないことである。男性優位の自民党を象徴しているといえる。

自民党内閣では森山《もりやま》眞弓《ゆみ》官房長官や田中眞紀子外相、上川《かみかわ》陽子《ようこ》外相など、党幹部でも高市早苗政調会長、稲田《いなだ》朋美《ともみ》政調会長、野田聖子総務会長などがいるが、幹事長だけは男性が占めてきた。幹事長は派閥の領袖が就くケースが多かったが、女性が派閥のトップになったことはない。派閥政治という男性中心の「ボス社会」という自民党の体質が、女性リーダーを阻んできたことは間違いない。自民党の体質を大きく変えない限り、初の女性首相や初の女性幹事長の誕生は望めないだろう。

第4章

権力と人間力

1 強さの源泉

自民党は総裁の下に副総裁、幹事長、総務会長、政務調査会長、選挙対策委員長といったポストを設けている。そのうち幹事長、総務会長、政調会長が「三役」と呼ばれてきた。福田康夫政権（二〇〇七～〇八年）に選対委員長を新設。三役に加えて四役と呼ばれるようになった。その中でも幹事長が総裁に次ぐ強力な権限を持つポストである。

†党則では

本章では、自民党幹事長の「強さ」の秘密を考えてみよう。自民党の党則では、総裁について「最高責任者であって、党を代表し、党務を総理する」（第四条）と定めている。さらに「副総裁を置くことができる」（第五条）とし、副総裁は総裁の意向で必要に応じて選ぶことが定められている。幹事長については、第七条で「幹事長一名、副幹事長三十名以内を置く」と定め、第八条で「総裁を補佐し、党務を執行する」と規定している。さらに「幹事長は総務会の承認を受けて、総裁が決定する」（第九条）、「幹事長の管掌のもとに、次の各局を置く。一　人事局　二　経理局　三　情報調査局　四　国際局」（第十一条）などの項目がある。

　これらの規定に基づいて、幹事長には人事や資金、国会対策などで強大な権限が与えられる。どの組織にも通じることだが、人によって権限をフルに活用する幹事長と、権限を使えないまま交代する幹事長がいる。その背景には総裁との力関係がある。総裁をほとんど無視して権限を行使した代表例は、海部俊樹政権の小沢一郎幹事長だろう。閣僚や党役員の人事、政治資金の使い方、さらには衆院の解散の判断も海部首相を飛び越えて、小沢幹事長が事実上、取り仕切った。一方、幹事長の権限を使えないままだった代表的な例としては、小泉純一郎政権の武部勤幹事長や第二次安倍晋三政権の石破茂幹事長を挙げることができる。閣僚や党役員の人事や国会対策などでは石破の意向は聞き入れられず、ほとんど安倍首相と菅義偉官房長官のいる首相官邸が主導した。

　自民党全体を束ねる幹事長とは別に参院自民党の「幹事長」というポストもある。参院では、所属議員が独自に議員会長を選び、その下に幹事長、政策審議会長、国会対策委員長が置かれている。参院幹事長は、その時の政治状況や本人の政治力によって影響力が異なる。青木幹雄は一九八六年、竹下登元首相の秘書から参院議員（島根選挙区）に初当選。

中央省庁のOBや業界団体代表が多い参院の竹下派議員のまとめ役を務めた。一九九八年、小渕恵三政権の発足とともに参院幹事長に就任。自民党が参院で半数を割り込み、多数を占める衆院との「ねじれ」が生じていたため、参院の野党とのパイプを持つ青木が活躍した。青木は参院議員としては異例の官房長官に就任。早稲田大学雄弁会の後輩でもある小渕首相を支えた。小渕首相が病気で倒れた後の後継首相選びで、青木は野中広務幹事長代理らと森喜朗幹事長を推すことを決めたが、密室での話し合いだったことから「五人組の談合」と批判された。

青木は二〇〇一年に参院幹事長に復帰。〇四年の参院で自民党が当時の民主党に敗れた後は、参院議員会長に昇格し、小泉純一郎首相を支えた。「参院のドン」と呼ばれ、「予算案審議で衆院が優先されるなら、参院は決算案の審議に重点を置く」といった参院の独自性発揮にも尽力した。

世耕弘成は一九九八年に参院議員初当選。安倍晋三元首相の側近として、第二次安倍政権（二〇一二〜二〇年）の官房副長官、経済産業相などを歴任した。参院自民党の最大勢力だった安倍派をまとめ、一九年に参院幹事長に就いた。「安倍一強」の威光を受けて、参院枠の閣僚人事などで発言力を強め、「青木に次ぐ参院のドンになるのでは」と言われた。

だが、二三年秋に明るみに出た安倍派の裏金問題で、世耕自身も裏金を受け取っていたほか、裏金継続の派閥幹部による協議にも参加していたことが発覚。「離党勧告」の処分を受け、離党した。

以下では、自民党幹事長の権力を個別に見ていこう。

†人事権（役員人事、選挙の公認権）

日本の首相の権力の源泉は①政府予算の編成権②政府・党などの人事権③衆院の解散権である。これによって、首相は政権を運営し、政局を乗り切る。それに比べれば、自民党幹事長の権限は劣るが、党幹部らの人事権や選挙での公認権は首相・総裁に次いで大きいといえる。

政権が発足する時に「組閣本部」が設けられる。自民党政権では、首相と官房長官内定者に加え、幹事長ら党四役に参院議員会長、参院幹事長らが参加する。閣僚人事を了承する場だが、首相は事前に幹事長とすり合わせるのが慣例だ。幹事長は首相の人事構想に注文をつけ、自分の要求を飲ませる。そこに首相と幹事長の力関係が表れてくる。

党役員についても、総務会長や政調会長、選挙対策委員長は首相判断の人事だ。一方で、業界団体との窓口になる全国組織委員長や国会対策委員長などは幹事長の仕事に直結するポストなので、首相も幹事長の意向を受け入れるケースが多い。副大臣や政務官、国会の常任委員長ポスト、党政務調査会の部会長ポストなどは幹事長主導で決まることが多い。幹事長はこの人事権をフルに活用して中堅・若手議員への影響力を増していく人が多い。ただ、例えば第二次安倍晋三政権の石破茂幹事長のように、副大臣らの人事についても安倍首相と菅義偉官房長官が介入して、幹事長主導で人事ができず、党内での影響力拡大ができなかったケースもある。

各種選挙の公認についても、最終的には首相・総裁に決定権があるが、幹事長とのすり合わせが必要となる。その過程で幹事長の力量が試されるわけだ。例えば、佐藤栄作政権で一九六八年に行われた衆院解散・総選挙。当時の田中角栄幹事長は、新顔議員を多く発掘して公認した。小沢一郎、羽田孜、梶山静六、石井一《いしいはじめ》らだ。小沢たちは田中を支える若手議員として活躍し、田中が七二年に総裁選で勝利する原動力となった。田中首相は、盟友だった大平正芳外相とともに中国との国交正常化を断行するなどの成果を上げた半面、金権政治が批判されて七四年には退陣。田中はその後も最大派閥を率いて「闇将軍」として政界に君臨した。小沢ら「昭和四四年（六九年）初当選組」は田中派の中核として活躍した。

幹事長が選挙での候補者擁立で調停役となったケースもある。二〇一九年の参院選広島選挙区（改選数二）に向けた公認問題。広島は従来から、自民党と立憲民主党が議席を分け合う「無風区《むふうく》」が続いてきた。この選挙でも、自民党の溝手顕正と立憲民主党の森本真治の両現職の議席確保が有力視されていた。これに対して、当時の安倍首相と菅《すが》官房長官は、自民党の勢力拡大のために候補を二人擁立することを模索。安倍、菅に近い河井克行衆院議員の妻で前広島県議の河井案里を新たに公認する動きを見せた。これには、広島が地元で、溝手の所属する岸田派（宏池会）の会長でもある岸田文雄政調会長が反発。調整は難航したが、二階俊博幹事長の裁断で溝手、河井の二人を擁立することが決定した。二階にとっては、岸田の恨みを買ったが、安倍、菅には大きな恩を売ることになった。ただ、河井案里の選挙運動では、地方議員に現金を配るなどの大規模な選挙違反が発覚。河井夫妻が買収容疑で逮捕され、多くの地方議員も立件された。

†付きまとうカネの問題（選挙資金の確保・政策活動費）

自民党幹事長にはカネをめぐる問題がいつも付きまとう。総選挙や参院選では多額の資金を集めなくてはならず、財界に要請することも多い。佐藤栄作政権（一九六四〜七二年）

で幹事長を二度務めた田中角栄は、一九六九年の総選挙で自民党の選挙資金をフルに使って、大勝に導いた。田中は自身の政治資金も使って、小沢一郎、梶山静六ら新顔議員のテコ入れを進めた。小沢らはのちに「田中親衛隊」となっていく。

田中の政治資金をめぐっては、多くのエピソードがある。幹事長として選挙を仕切った際は、秘書の早坂茂三《はやさかしげぞう》らを重点候補の陣営に派遣して、一〇〇〇万円単位の現金を届けていたという。また、田中が首相を退陣した後、総選挙で落選した候補者が開票日の翌日に田中に報告に行ったら、「再起を期して、明日からがんばれ」と励まされ、二〇〇〇万円が入った紙袋を渡されたという「実話」を聞いたことがある。

海部俊樹政権（一九八九〜九一年）の小沢一郎幹事長は、一九九〇年二月の総選挙に向けて財界に三〇〇億円の融資を求めた。小沢幹事長はこの資金を活用して若手候補の選挙をてこ入れし、自民党過半数を維持。幹事長としての地歩を固めた。もっとも、小沢は九一年の東京都知事選での自民党本部が支援する新顔候補が現職知事に惨敗した責任をとって幹事長を辞任。この都知事選で小沢は公明、民社両党との連携を重視し、現職を推す自民党東京都連と対立した。巨額の選挙資金を差配できる幹事長だが、地方組織の反乱までは抑え込めなかった。

衆院に小選挙区比例代表並立制を導入する政治改革関連法が一九九四年に成立した中で、政治資金の公開基準を厳しくするなどの改正も進んだ。さらに九九年には政治家個人への寄付が禁じられ、政治献金は政党本部や政党支部が中心とされた。その中で「抜け穴」として存続したのが派閥や政治家による資金集めパーティーと政党から政治家に配られる「政策活動費」だった。

パーティーに関しては二〇二三年秋、安倍派を中心に、派閥に集められた資金が八五人もの所属議員らにキックバックされ、裏金となっていたことが判明。岸田政権を揺るがす大事件に発展した。裏金問題をめぐって自民党執行部が関係議員から事情聴取した中で、自民党資金のキックバックは二〇〇〇年代初頭から続いていたことが明らかになっている。小泉純一郎政権（二〇〇一～〇六年）下で、〇三年に安倍晋三が官房副長官から幹事長に抜擢され、〇四年の参院選で自民党が民主党に敗れた責任を取って幹事長代理に降格された。安倍は当時の森派で行われていた、キックバックの事実を知って、廃止すべきだと主張した。ただ、派閥幹部の了承は得られず、キックバックは続いたという。さらに安倍は、第二次政権（二〇一二～二〇年）後の二二年五月にもキックバックの廃止を唱えたが、同年七月に銃撃されて死去。その結果、キックバックが続いたという経緯がある。

自民党の政策活動費は、幹事長をはじめ、総務会長、政調会長、国会対策委員長ら幹部に支給されているが、幹事長分が大半を占める。二階幹事長が在任中の二〇一六年から二一年までの五年余で約五〇億円を自民党本部から受け取っていたことが分かった。茂木幹事長も、二〇二二年度分だけで一〇億円ほどを受け取っていた。自民党関係者によると、中堅・若手議員の選挙のテコ入れに支出されたり、幹事長らの外遊経費の一部に充てられたり、各種の議員連盟への助成に使われたりしているという。自民党の古手《ふるて》職員によると、政策活動費の配分が「幹事長の力の源泉となっている」という。一方では、政策活動費は使途を明らかにする必要がないため、内容が不透明であり、「古い政治」の遺物ともいえる。野党側は政治資金規正法を改正して全面禁止すべきだと主張している。

裏金問題を受けて岸田首相は公明党との調整のうえ、①政治資金収支報告書をまとめる会計責任者と政治家が「確認書」を交わして報告書についての責任を共有する、②パーティー券購入の公開基準を「二〇万円超」から「五万円超」に引き下げる、③政策活動費の領収書を一〇年後に公開する—などの規正法改正案を国会に提出。二〇二四年六月に可決、成立したが、政治資金の抜け穴はなお残っており、課題は山積している。

以上見てきたように、政策活動費など巨額の政治資金が幹事長の政治力を支えてきたことは間違いない。ただ、資金の使い方は千差万別だ。海部政権の小沢幹事長のように、海部総裁・首相の意向など考えずに自由に使っていたケースがある。一方で、二〇一二年に発足した第二次安倍政権の石破茂幹事長に対しては、安倍首相や菅義偉官房長官が目を光らせていて、自由には資金が使えなかったケースもある。安倍首相、菅官房長官は二階幹事長に対しては年間一〇億円規模の政策活動費の支出を許容していた。まさに人事権と同様、総裁・首相と幹事長との力関係が、政治資金の使い方にも表れている。

†カネに頼る政治の終焉

自民党の裏金問題をきっかけに、政治をめぐる不明朗なカネがクローズアップされていた。①派閥のパーティー券の購入費として企業などから集めた資金が議員にキックバックされ、政治資金収支報告書に記載しない裏金として使われていた。「政治活動」という名目で非課税扱いとなり、領収書も公表されないケースが多い、②幹事長に年間一〇億円規模など自民党幹部への政策活動費も領収書の公表義務がなく、不明朗な支出となっている、③国会議員一人当たり月一〇〇万円が支給され、領収書を公表しなくともよい調査研究広報滞在費（旧文書通信交通滞在費＝文通費）の見直し、④官房長官が使える年間約一三億円の官房機密費も使途が公開されないままでよいのか——などの問題点が明らかになっている。

それぞれについて①裏金は違法であり、虚偽記載などがあれば、会計責任者だけでなく議員本人も罰せられるべきだ、②政策活動費は廃止して政党からの支出はすべて透明にする、③旧文通費も領収書を公表する、④官房機密費は、すべてを公表するのは難しい場合は、一定期間後に使途を公表する——などの改善策が必要だ。自民党がそうした抜本的な改革を受け入れない限り、政治とカネをめぐる批判はやまないだろう。自民党幹事長は、政治資金をめぐる党内の規律を立て直すだけでなく、関連する政治資金規正法などの改正で野党との折衝を進めていく重要な立場にある。企業のコンプライアンス（法令順守）が強化されている中で、対応が遅れている政治に対する国民の視線は厳しくなっている。カネに頼る政治を終わらせて、理念や政策を競い合う政治へ転換できるか。まさに自民党幹事長の力量が試されているのである。

†国会対策

政局が緊迫して自民党の総裁・首相が「引きずり降ろされる」といった言葉が使われることがある。ただ、総裁・首相を辞めさせるのは簡単ではない。制度上は①自民党総裁選で現職の総裁・首相を落選させる（一九七八年の総裁選で福田赳夫首相が大平正芳幹事長に敗れ、総裁・首相の座を降りた）、②野党と自民党の一部が連携して内閣不信任案を可決し、内閣総辞職か衆院の解散・総選挙を迫る（一九九三年には野党提出の宮澤内閣不信任案に自民党の小沢一郎らが賛成して可決。宮澤首相は解散を決断し、総選挙で自民党が半数を割り込み宮澤総裁・首相は退陣した）などのケースが挙げられる。

加えて、政府予算案や重要法案が通らずに、辞任に追い込まれることがある。例えば一九八九年、竹下登首相はリクルート社の関連会社から多額の資金提供を受けていたことが判明。野党の抵抗で国会審議が紛糾し、当初予算案の衆院通過が大幅に遅れた。竹下首相は責任を取って退陣を表明。予算案は退陣表明と引き換えに可決、成立した。このため、予算案や法案を審議する国会運営の責任者である幹事長の役割が大きくなる。幹事長が国会対策委員長と謀って、野党側と連携して予算案や重要法案を廃案にすれば、政権にとっては大きな打撃となる。

例えば、宮澤喜一政権下の一九九三年。衆院に小選挙区比例代表並立制を導入する政治改革関連法案をめぐって、自民党内は紛糾していた。宮澤首相は「政治改革を実現する」と表明して、法案の成立をめざしていたが、当時の梶山静六幹事長は自民党が政治改革をめぐって分裂する事態を避けるため、関連法案の審議・採決に慎重だった。最終的に、関連法案の審議は進まず、自民党内では小沢一郎らが野党提出の宮澤内閣不信任案に賛成し、可決されるという前代未聞の展開となった。幹事長の国会運営が首相の命運を握っていることを如実に示したケースといえる。

†政策の最終決定権

自民党の政策づくりの基本は、中央省庁ごとに設けられている政務調査会の各部会（外交部会、厚生労働部会など）が各省庁と協議して積み上げ、政調会長が取りまとめる。そのうえで、関連法案などは総務会の了承を受けて、国会に提出されるという段取りだ。ただ、重要政策の最終決定権は総裁・首相が握っているが、党内調整の過程では、幹事長の判断がものをいう。

例えば第二次安倍晋三政権（二〇一二〜二〇年）の末期に、新型コロナウイルスの感染が拡大。景気対策として給付金を支給することとなった。当時の岸田文雄政調会長は財務省や厚生労働省と協議し、所得制限付きで一人当たり三〇万円を支給する方針を固め、安倍首相もいったんは了承した。これに対して、自民党と連立を組む公明党からは「所得制限をつけず、国民全員に一人当たり一〇万円を支給すべきだ」という意見が出た。その意向を汲んだ二階俊博幹事長が「一律一〇万円」で政府・与党内を取りまとめて押し切った。首相だった安倍晋三も二階の政治力を考慮し、岸田政調会長が積み上げた「所得制限付きの三〇万円給付」ではなく、二階と公明党の主張を受け入れた。幹事長主導の政策決定といえる。

この一件は後に、菅義偉首相（二〇二〇〜二一年）の後継を争う総裁選で、岸田が二階幹事長を念頭に「党幹部の同一ポストの任期は三年とすべきだ」と主張し、事実上の「二階降ろし」に動いたことにもつながる。岸田は総裁選で勝利し、首相の座に就いた後には二階を遠ざけた。

†支える人たち

自民党の党則では、幹事長を補佐する副幹事長を「三〇名以内置く」と定めている。その中から幹事長に次ぐ役職である「幹事長代行」と、さらにその下の「幹事長代理」が設けられる。代行と代理は、幹事長を支えるスタッフだが、政権や幹事長によっては、「チーム」として一体化する場合と、各派閥からの代表者による「寄せ集め」となる場合とがある。

橋本龍太郎政権（一九九六～九八年）の加藤紘一幹事長の下では、野中広務幹事長代理が副幹事長を「チーム加藤」として束ねた。加藤はハト派・リベラル派の宏池会のリーダーでもあった。野中は田中・竹下派の流れをくむ小渕派の幹部として、同じ小渕派の橋本首相を支えた。野中は戦争体験者でもあり、反戦・平和に思い入れが強かった。加藤と野中は歴史観や政治観で重なる部分が多く、自民党を出て新生党や新進党を率いていた小沢一郎に敵対するという点でも一致していた。野中は加藤に仕えた時期を振り返って「魂の触れ合う関係だった」と語っている。

野中は続く小渕恵三政権（一九九八～二〇〇〇年）の前半で官房長官を務めたあと、森喜朗幹事長の下の幹事長代理に横滑り。さらに、続く森政権（二〇〇〇～〇一年）では幹事長に就いた。森内閣不信任案に加藤が同調する動きを見せた「加藤の乱」では、野中が鎮圧する側に回るという皮肉な巡りあわせもあった。

幹事長代理と副幹事長による「チーム」をつくった加藤紘一幹事長と対照的なのが、海部俊樹政権（一九八九～九一年）の小沢一郎幹事長だ。小沢は副幹事長だけでなく、幹事長室の職員たちにも自身の会合日程などを明かさない「秘密主義」で、野党幹部や財界人らとひそかに接触し続けた。唯一の例外が、小沢と同じ竹下派の熊谷弘《くまがいひろし》副幹事長だった。熊谷は小沢の側近として情報収集や政治資金の調達に動き回った。熊谷以外の副幹事長は蚊帳の外に置かれていた。

熊谷は通商産業省（現経済産業省）出身。参院議員から衆院に転じ、小沢の側近となった。小沢幹事長の下で副幹事長に起用され、国会対策を仕切ったり、小沢のロシア訪問の段取りを進めたりした。ただ、ほかの派閥を代表していた副幹事長には小沢の「秘密主義」は不評だった。

小沢は一九九一年の東京都知事選で自らが擁立した元NHKキャスターの磯村尚徳が敗退した責任を取って辞任。後任には同じ竹下派で小沢の先輩にあたる小渕恵三元官房長官が就いた。小渕は円満な人柄で知られ、副幹事長とのチームワークを重視。幹事長室の党職員には人気が高かった。

幹事長代理の上に置かれる幹事長代行も、政権によっては注目されるポストだ。第二次安倍晋三政権（二〇一二〜二〇年）では、石破茂（石破派）、谷垣禎一（谷垣グループ）、二階俊博（二階派）という安倍派（表向きの名称は細田派）以外の幹事長が続いた。その中で幹事長代行に細田博之、下村博文、萩生田光一、稲田朋美という安倍派幹部が起用され、幹事長の「お目付け役」と安倍官邸との連絡役を果たした。萩生田は安倍首相や菅義偉官房長官の信頼を得て、その後の経済産業相、政調会長などへの足掛かりとした。菅政権（二〇二〇〜二一年）では野田聖子が幹事長代行として官邸と党との調整役を務めた。二一年からの岸田政権では梶山弘志《かじやまひろし》が、茂木敏充幹事長の下で政府や自民党内の調整に汗をかいている。父親の梶山静六は「剛腕」で知られたが、弘志は温厚・実直な人柄で定評がある。

†スタッフ

自民党幹事長には数人の党職員がスタッフとして張り付く。幹事長室長の下に出張などに同行する秘書や日程担当、広報担当などがいる。さらに自民党の党則では、幹事長の下に経理局、国際局、情報調査局が置かれており、それぞれの局長には中堅・若手議員が充てられ、職員が数人ずつ配置されている。このうち経理局長は、財界に献金を求める窓口となり、中堅議員の登竜門でもある。実務能力が求められることもあり、官僚出身者が務めることが多かった。大蔵省（現財務省）出身の相沢英之《あいざわひでゆき》、津島雄二《つしまゆうじ》、通商産業省（現経済産業省）出身の岸田文武《きしだふみたけ》（岸田文雄首相の父）のほか、福田康夫、岸田文雄など首相に上り詰めた政治家も経理局長経験者だ。

かつては幹事長の下に置かれた総務局が各種選挙を仕切ってきた。総務局長は「若手議員の登竜門」といわれ、小沢一郎、中村喜四郎《なかむらきしろう》、野中広務、加藤紘一、谷垣禎一、古賀誠らが経験している。福田康夫政権（二〇〇七〜〇八年）の時に選挙対策委員長のポストが新設され、幹事長、総務会長、政調会長と並ぶ四役となった。選対委員長の下に選対事務局が置かれた。ただ、幹事長によっては、選対事務局や国会対策委員長の下にある国対事務局も、自らのスタッフとしてフル活用するケースがある。

自民党政務調査会には、税制や農政、安全保障、社会保障などに通じた専門スタッフがいる。通常は政調会長の下で関係省庁との調整など実務的な作業を続けているが、政権の行方を左右するような重要政策については、幹事長が政務調査会のスタッフを活用する場面も出てくる。党本部の職員にとってみれば、党の実務を仕切る最高責任者が幹事長なので、幹事長の指示があれば従うという仕組みになっている。

幹事長によっては、独自のスタッフを活用する人もいた。中曽根康弘政権（一九八二〜八七年）で幹事長を務めた竹下登は、蔵相経験が長かったこともあって、大蔵省（現財務省）の官僚を政策ブレーンとして活用した。当時、中曽根首相が大型間接税の一種である売上税を導入しようとしたが、野党の強い抵抗で頓挫。竹下幹事長は親しい大蔵省幹部と連携を取って国会対策に臨んだが、実現できなかった。その経験が、中曽根後継となった竹下首相が消費税の導入にこぎつける下地となったのである。

海部俊樹政権(一九八九~九一年)の小沢一郎幹事長は、党の選挙対策委員会のスタッフらを活用する一方で、政策面では霞が関の若手官僚や学者らを集めた勉強会を重ねていた。それが、後に規制緩和や国際貢献などの広範な改革を訴える著書『日本改造計画』の出版(一九九三年)にもつながっている。宮澤喜一政権(九一~九三年)の梶山静六幹事長は通商産業省(現経済産業省)との関係が深く、通産相も務めているが、幹事長としても通産省幹部をブレーンとして活用した。

2 「人間力」と人材枯渇

†「人望」の有無とは

自民党幹事長の歴史を振り返る中で出くわすのが、政治家の「人望」や「人間力」という言葉だ。幹事長室長として歴代の幹事長を間近に見てきた奥島貞雄によれば、幹事長には党職員に好かれたタイプと嫌われたタイプがあるようだ。奥島以外の党職員の話も含めると、田中角栄、安倍晋太郎、小渕恵三、野中広務、大島理森、二階俊博らは前者、小沢一郎、梶山静六、茂木敏充らは後者になるようだ。

ある党職員OBはこう語る。「政治家には世の中の人々を敵、味方、使用人の三つに分ける人がいる。小沢氏らはそのタイプ。敵とは戦い、味方には友好的、使用人には厳しく当たる。党職員は使用人だから、こき使えばよいという感覚なので、党職員からは『人望がない』と映る」。

確かに、小沢が党職員に厳しく当たる場面を目撃したことがある。茂木も自民党だけでなく、外務省や経済産業省など閣僚を経験した役所での評判が悪い。「官僚に対して使用人感覚があることは確かだ」（外務省幹部）という声が聞かれる。

これに対して、幹事長に仕えたベテランの自民党職員は「政局が緊迫してかなりのプレッシャーがある中で、パニックにならず、党職員には優しく対応してくれたのが安倍晋太郎さん。いつも『ご苦労さん』と声をかけてくれるのが小渕さん。気配りを忘れないのが野中さんや大島さん」と話す。まさに、幹事長は政治家の「人間力」が試されるポストなのである。

†人材枯渇の現状

自民党結党時の岸信介から七〇年近くの歴代幹事長（五五代、四三人）を並べてみて実感するのは、自民党の人材の劣化である。草創期の自民党を支えた三角大福中は、一九五六年の三木武夫（石橋湛山政権）をはじめ、五九年の福田赳夫（岸政権）をはじめ、六五年の田中角栄（佐藤栄作政権）、七四年の中曽根康弘（三木政権）、七六年の大平正芳（福田政権）と、全員が幹事長を経験し、それをテコにして総裁・首相についている。それぞれが独自の政治哲学や理念を持ち、激しい権力争いも繰り広げた。それが自民党の活力となり、政治全体の活性化にもつながった。

一九八〇年代後半からは「安竹宮」（安倍晋太郎、竹下登、宮澤喜一）が覇を競ったが、三角大福中に比べるとスケールは小さくなった。その後は「麻垣康三」（麻生太郎、谷垣禎一、福田康夫、安倍晋三）とも言われた。この中では、福田以外が幹事長を経験したが、人材の劣化は明らかだ。そして、第二次安倍晋三政権（二〇一二〜二〇年）から菅義偉、岸田文雄両政権の幹事長は、石破茂、谷垣禎一、二階俊博、甘利明、茂木敏充と続いたが、自民党の内部からも「幹事長を含め、自民党は人材砂漠だ」（久米晃・元自民党事務局長）と評される事態に陥った。

　なぜか。時代の流れを見れば、太平洋戦争でアジア・太平洋の人々に甚大な被害を与え、日本国内でも未曽有の戦死者、負傷者を出した。敗戦からどう立ち上がるか。日本が生き延びるためにはどんな外交や経済政策が必要か。政治家に課せられた使命は重大だったから、国の行方を決める有能な人材が政界に集った。吉田茂、鳩山一郎、芦田均《あしだひとし》、片山哲《かたやまてつ》、石橋湛山らが首相に就いて、国のかじ取りを担った。その後は岸信介、池田勇人、佐藤栄作が首相として高度経済成長を牽引。自民党は幹事長を中心に官僚、財界とタッグを組み、「鉄の三角形」で政策を進めた。

　三角大福中の時代になっても、自民党の人材は維持された。一方で、日本経済は安定軌道に入り、「政治は経済に口を出さなくてよい」時代が見えてきた。「経済一流、政治三流」といった言葉が、財界人らから出始めた。ただ、一九八〇年代には米国との経済摩擦が激化し、市場開放や内需拡大という課題も出てきた。高齢化社会を見据えた社会保障の財源として消費税を導入する必要性も唱えられた。中曽根康弘政権や竹下登政権が対応したが、政治家の質が向上に転じたわけではない。

　その後、東西冷戦の終結を受けて国際情勢が激変。自衛隊の海外派遣など国際貢献のあり方が議論された。リクルート事件など「政治とカネ」をめぐる不祥事が相次ぎ、衆院の中選挙区制を改めて小選挙区制を導入する「政治改革」も大きな焦点となった。小選挙区制による二大政党制が志向され、自民党から小沢一郎、羽田孜、岡田克也、武村正義らが次々と離党し、非自民勢力を結成した。自民党の人材供給源だった官僚の中でも、非自民の政党から立候補するケースが多くなった。二〇〇〇年代になって民主党に集った小川《おがわ》淳《じゅん》也《や》（総務省）、大串博志《おおぐしひろし》（財務省）、後藤祐一《ごとうゆういち》（経済産業省）らだ。政治家をめざす人材が二つに分かれれば、自民党に集まる人材が少なくなるのは当然の結果である。

小選挙区制によって、政治家そのものが「小粒」になってきたという指摘は根強い。中選挙区（原則として定数三～五）では総投票数の二、三割を得票すれば当選できたが、小選挙区では半数近くを取らないと当選できないケースが多い。反発する有権者が多い増税や規制緩和などは訴えにくくなり、「有権者には耳が痛くとも国にとって必要だと考える政策を唱える政治家が少なくなった」というのは、与野党から聞かれる声だ。

世襲政治家の増加も、自民党の人材不足の原因であり、結果でもある。今や自民党衆院議員の三割近くが世襲（政治家の子息、娘婿など）だ。三代目（岸田文雄首相、安倍晋三元首相ら）だけでなく、小泉進次《こいずみしんじ》郎《ろう》元環境相のように四代目も生まれている。

二一世紀に入ってからの自民党出身の首相は、小泉純一郎、安倍晋三（二回）、福田康夫、麻生太郎、菅義偉、岸田文雄の六人。このうち世襲でないのは菅だけだ。日本政治の歴史の中でも例がないし、先進諸国の中でも、トップリーダーが世襲続きというケースはない。

幹事長についても、小泉政権下の山﨑拓、安倍晋三、武部勤、その後の中川秀直、麻生太郎、伊吹文明から茂木敏充まで続くが、一四人中八人が世襲議員である。①後援会組織が強く、政治家の身内に引き継がせたがる傾向がある②政治家という仕事に魅力がないため、新規参入が少ない——といった事情があるが、このまま世襲が増え続けるようだと、自民党の活力を失わせていくだろう。

終章　緊張感ある政治に向けて

世界経済がデジタル化や脱炭素化を進めている中で、日本の立ち遅れが目立っている。第二次安倍晋三政権（二〇一二〜二〇年）は金融緩和を中心とするアベノミクスを展開したが、成長戦略や構造改革は進んでいない。政治が抱える課題は山積《さんせき》しているのに、自民党では幹事長をはじめ国会議員の質が低下している。そのギャップが、日本が停滞している大きな原因といえる。

†政策の新機軸は生まれるか

人材不足の自民党は再生できるのか。二〇二三年秋に発覚した派閥パーティーの裏金問題は、安倍派の所属議員を中心に多くの衆参両院議員が、政治資金収支報告書に記載されていない裏金を手にしていた実態を明るみにした。非課税の政治資金を私物化していたもので、世論の強い批判を浴びた。さらに関係議員は記者会見や衆参両院の政治倫理審査会などで十分な説明をせず、「記憶にない」「秘書や会計責任者に任せていた」といった対応に終始し、世論の不信を募らせた。茂木敏充幹事長をはじめ自民党執行部は、関係議員の処分をしたが、裏金の真相解明は不十分なままで、明確な対応策を示すことができなかった。自民党の金権体質、もたれあい体質が露呈したのである。

一方で、自民党政治の政策面での行き詰まりも顕著だ。バブル崩壊後の三〇年間、ほとんどの期間で政権の座にあった自民党は、公共事業を中心とした景気対策を次々と打ったが、景気は好転せず、経済も強くならなかった。二〇一二年からの第二次安倍晋三政権では、金融緩和を中心としたアベノミクスを展開。日銀が多額の国債を買い入れ、円安を誘導し、輸出産業の株価を押し上げた。だが、成長戦略や構造改革は進まず、日本経済は世界から取り残された。政府の借金残高は一〇〇〇兆円を超え、それでも毎年三〇兆円もの新規国債を発行し続けている。GDP（国内総生産）は中国、ドイツに追い抜かれ、個人の所得も低迷した。

社会保障では、新型コロナウイルスの感染拡大の中で医療体制の不備が露呈したが、医療制度の抜本改革は医師会などの既得権益に阻まれて進んでいない。デジタル化の遅れも顕著だ。少子化には歯止めがかからず、厚生労働省がまとめた二〇二三年の出生数は約七五万八〇〇〇人。八年連続の減少だ。岸田政権は「異次元の少子化対策」を掲げ、児童手当の拡充など総額三・六兆円の増額を打ち出している。ただ、財源については、社会保険料を一人当たり月四五〇円程度増やすのに、岸田首相は「実質的な負担増にはならない」との答弁を繰り返している。本格的な負担増に正面から向き合わないため、かえって国民の不信感が募っている。

教育分野では小中学校の教員不足や過重労働が深刻だが、打開策は打ち出せていない。大学の教育・研究水準も世界から立ち遅れている。女性の基本的な権利ともいえる選択的夫婦別姓制度も、自民党は保守派の抵抗もあって実現に踏み切れないでいる。

外交・安全保障では、米国への傾斜を深め、第二次安倍政権では米国との集団的自衛権の行使を可能にする安全保障法制を強引に成立させた。二〇二一年からの岸田文雄政権では、長年維持してきた専守防衛《せんしゅぼうえい》の原則を超えて、敵基地攻撃能力（反撃能力）を認めた。さらに、米国の要請を受けて、五年間の防衛費を二七兆円から四三兆円に増やすことを決定。防衛費のGDP比は長年守られてきた「一％程度」から「二％」に大幅拡大する。米国と歩調を合わせて中国「包囲網」づくりに邁進しているが、日本独自の対中政策やアジア外交の姿勢は見えなくなった。

そうした政府・与党の政策立案と遂行の中心となるのが自民党幹事長だが、茂木幹事長らにリーダーシップは見えない。裏金問題が深刻化する中で、岸田首相が「派閥解散」を打ち出し、麻生派以外は政治団体としての活動をやめることになった。総裁選をにらんで、派閥に代わる議員グループができるのは避けられないが、これまでのような派閥中心の党運営は変化していくだろう。幹事長には派閥の枠を超えた政策立案力や人間力が一層求められることになる。

†メディアと幹事長

ここで幹事長とメディアについて考えてみたい。新聞や通信社、テレビなどの大手メディアは幹事長を担当する「番記者」を付けている。首相番は朝から晩まで密着マークすることから、各社が若手記者二、三人を充てているのに対して、幹事長番と官房長官番は中堅記者が一人で担当するのが通例だ。私は政治記者として中曽根康弘首相番、小渕恵三官房長官番、橋本龍太郎、小沢一郎両幹事長番を経験した。ただ、幹事長については、派閥の担当者や自民党担当のシニア記者らも重層的に取材を進める。まさに、政治記者の最大の取材対象である。

幹事長取材を含めた政治取材は、時代とともに大きく変わってきた。その変容について、私は以下のように考えている。

自民党が結党された一九五五年当時、世界は米国とソ連（現ロシア）とが全面対決する東西冷戦の真っただ中だった。自民党対社会党という「五五年体制」は日本国内版の冷戦構造だった。ただ、自民党はほとんどの国政選挙で過半数を確保。社会党が政権を奪取することはなかった。自民党は霞が関の官僚群と財界とタッグを組み、「政官財の鉄の三角形」で政策を推進した。

そうした中で、政治取材は首相や自民党幹事長らの発言や思惑を紹介することに重点が置かれていた。政権幹部の動向や思いをいち早く伝えることが、政治メディアの大きな役割だった。私はこれを「He or she said」報道と呼んでいる。政治家たちの発言について、背景や底流などは吟味せずに、いち早く伝えればよいという姿勢が中心だったのである。

しかし、時代は大きく変わった。東西冷戦構造は崩壊し、五五年体制も終焉。衆院に小選挙区比例代表並立制が導入され、政権交代が可能な政治が動き出した。実際、この制度の下で二〇〇九年には自民党から民主党に、一二年には民主党から自民党に政権が交代した。その中で、政治メディアに求められるのは、単に政権幹部の発言や思惑を伝えるだけでなく、その背景や意味を分析し、対抗する政党の理念や政策との比較もしなければならない。そのうえで、メディアの考え方も示す必要もある。経済政策や社会保障、外交・安全保障などをめぐって、二大政党が政権交代をかけて政策論争を繰り広げる時代になったのだから、メディアもそれぞれの政策を分析、解説し、優劣を示す責任が出てきた。私はそういうメディアのあり方を「I think」報道と呼んでいる。

「He or she said」報道から「I think」報道へ、そして政局報道から政策報道への転換が求められる中で、幹事長担当者をはじめ、政治報道も大きく変わらなければならない。単に幹事長など有力政治家の発言や会合などを追いかけるだけでなく、記者独自の分析や見通しを示す必要がある。

†ライバルは野党幹事長

衆院に小選挙区比例代表並立制が導入され、一九九六年の総選挙で適用されてから三〇年近くが過ぎた。二〇〇九年の民主党政権の誕生で、小選挙区制に基づく二大政党制が見えてきたが、民主党政権は内部対立が続いて三年三カ月で終焉。その後は民主党勢力が分裂し、第二次安倍政権をはじめ「自民一強」政治が続いた。それでも、二〇二三年秋以降、派閥をめぐる裏金問題で自民党は逆風にさらされた。二〇二四年四月の衆院三補欠選挙（東京一五区、島根一区、長崎三区）では、自民党が東京一五区と長崎三区で候補者を擁立できずに不戦敗。公認候補を立てた島根一区では立憲民主党の候補に敗れた。立憲は三勝し、勢いを増した。「自民対立憲」という対決構図も見え始めている。それは、党首の岸田首相対泉健太《いずみけんた》代表の戦いであると同時に、茂木敏充幹事長と岡田克也幹事長の対決でもある。

茂木は一九五五年生まれ。読売新聞記者や外資系コンサルタント会社勤務などを経て九三年に日本新党から衆院議員初当選。その後、自民党に移り、党選挙対策委員長、政調会長、経済産業相、外相などを経て岸田政権で幹事長に就任した。外交や経済政策には通じている一方、閣僚を経験した役所や自民党本部で茂木に仕えた職員たちの評判は良くない。「自己中心で思いやりがない」と断言する元部下もいる。

岡田は一九五三年生まれ。父は流通大手ジャスコ（現イオン）の創業者だ。通商産業省の官僚を経て九〇年に自民党竹下派から衆院議員初当選。その後、竹下派幹部だった小沢一郎らとともに政治改革を訴えて自民党を離党し、新生党、新進党などを経て、二〇〇九年からの民主党政権では、外相や副総理を歴任した。その後、民進党、立憲民主党に所属。それぞれの党で幹事長、代表などを経験し、泉代表の下で幹事長に就いた。群れずに政策の勉強を重ねるのが持ち味。「本音を明かさないので、付き合いにくい」という議員が多い半面、「誠実で嘘をつくことはない」という評価もある。

岡田の政治姿勢を端的に示したのが民主党代表として臨んだ二〇〇四年の参院選だ。自民党内で「抵抗勢力と戦う」と叫び、支持率の高かった小泉純一郎首相に岡田民主党が挑戦した。小泉が当時五％だった消費税の引き上げはしないと明言していたのに対して、岡田は最低保障年金などに充てる財源を確保するため、消費税を五％から八％に引き上げる案を提示。選挙戦では最大の争点となった。結果は小泉自民党が四九議席にとどまったのに対して、岡田民主党は五〇議席を獲得。一議席差とはいえ、「増税」を唱えた野党が「増税せず」という与党を上回ったのである。

私はこの選挙で小泉、岡田の街頭演説を取材した。小泉の演説を聞く人々は、その絶叫に拍手を送っていたが、話の中身を吟味している様子はなかった。岡田の演説は「消費税を上げても、その分で皆さんの年金を確保できる。さらに、皆さんのお子さんやお孫さんにツケを回す借金が少しでも減らせます」といった内容だった。聴衆は静かに聞き入り、うなずいている光景が目立った。政治家が覚悟を決めて、理路整然と語りかければ、増税であっても国民の理解は得られる。そうした政治の「原点」が示された選挙だった。原理原則を重視して、正面から議論を進める岡田は、自民党にとって手ごわい政治家である。

茂木、岡田とも経済や外交の政策に通じ、国政選挙を仕切った経験も豊富だ。幹事長同士が政策論争の先頭に立ち、有権者に選択肢を示すことは、政治の活性化につながるだろう。

「政治とカネ」や政策をめぐって自民党政治の限界が露呈し、政権交代の可能性が模索されるなか、有権者の意識も問われている。二〇二四年一月の台湾総統選の投票率は七一・九％だった。日本のような期日前投票や在外投票などがないから、投票するには本籍地に帰省しなければならない。それでも高い投票率を記録したのは、多くの有権者が台湾の将来を真剣に考えているためだろう。一方、日本では直近の衆院選（二〇二一年一〇月）の投票率が五五・九％だった。「投票しても政治は変わらない」「投票したい政党や政治家がいない」といった諦めの気持ちが低投票率につながっているのは間違いない。しかし、選挙での棄権が増えれば、利益団体の組織票が影響力を高めるだけだ。有権者が政党や候補者の主張を見極めて「よりましな選択」をしなければ、政治と民意との距離はさらに広がってしまう。

民意が自民党政治に「ＮＯ」を突き付ければ、自民党は潔く下野して政権奪還に向けて政策や人材を鍛え直す。立憲民主党は、政権を託されたら、民主党政権の失敗を教訓として、地道な政権運営を進める。これこそが、政権交代可能な緊張感ある政治である。自民党の裏金事件を受けて二〇二四年の通常国会は混乱が続いた。岸田首相は再発防止策として政治資金規正法の改正にこぎつけたが、内容は不十分で世論の理解は得られなかった。

内閣支持率も低迷し、衆院の解散・総選挙に踏み切ることはできなかった。自民党は新たな総裁・首相の下で出直しを図るのか。民意の離反が続いたまま政権の座を降りるのか。日本政治は大きな転換点を迎えている。

自民党幹事長という重要ポストは、日本政治が大きく変わることができるかどうかを見定めるうえで、大きなカギを握っている。その動向を引き続きウォッチしていきたい。

（本文中の敬称は略しました）

あとがき――四五年前の「宿題」

筑摩書房ＯＢの湯原法史さんとお会いしたのは、二〇二三年六月に早稲田大学の大隈講堂で開かれた「石橋湛山没後五〇年記念シンポジウム」の席だった。石橋湛山元首相の理念と現代ジャーナリズムのあり方を考える集会で、私は司会・進行を務めていた。湯原さんから、大学時代には何を学んだのかと問われ、私が「菊地昌典《きくちまさのり》さんの下で欧州の社会主義を学びました」と答えると、湯原さんが懐かしそうに話し始めた。

「菊地さんは東大の教員だった時、筑摩書房にしょっちゅう来ていて、仕事場のようにしていました。五〇年前ですね」

当時、菊地さん（先生と呼ばれるのを嫌い、学生たちも「さん呼び」だった）は東大助教授として書籍や雑誌で盛んに発信していた。『ロシア革命と日本人』『現代ソ連論』などを筑摩書房から出版していた。雑誌も筑摩の月刊『展望』の常連だった。湯原さんたちは、菊地さんと当時のソ連や中国の行方などについて熱い議論を重ねていたという。私は菊地さんの著作を熟読している中で、「筑摩」は憧れの出版社だった。

朝日新聞への就職が内定した時、菊地さんに挨拶に行くと、こう言われた。

「大学に残って勉強してほしかったが、新聞記者として研鑽を重ねて、いずれは筑摩書房から本を出せるような記者になってほしい」

そのにこやかな表情を、今も鮮明に覚えている。

朝日新聞ではまず、長野支局に赴任した。事件・事故や地方政治の取材に明け暮れ、松本市の北側に位置する「筑摩地方」の名は聞いていたが、筑摩書房とは縁が遠くなっていった。その後、朝日新聞の政治部に配属され、首相官邸や自民党などの日々の取材に忙殺された。菊地さんとは時折、手紙のやり取りを交わしていたが、アカデミズムとは遠ざかるばかりだった。菊地さんは一九九七年五月に他界。私はワシントンで勤務していたので、弔問もできずに礼を失していた。

ある時、東京に駐在する中国大使の夫人が国交回復前の中国から日本に留学した際、「菊地さんに身元引受人になっていただいた」と聞いた。菊地さんの没後に、生前の地道な活動を知ることになった。

その菊地さんが愛した「筑摩」がよみがえってきた。湯原さんから「ちくま新書を書いてみませんか」と声をかけられたのだ。長く永田町・霞が関を取材してきた中で、政治の中心にいたのは歴代首相を支える内閣官房長官と自民党幹事長だった。官房長官については、二〇一四年に『官房長官　側近の政治学』（朝日選書）を出版し、その役割や歴代官房長官の群像を自分なりに描いたつもりだ。そこで、湯原さんには「自民党幹事長について書いてみたいですね」と答えた。湯原さんはすぐ、ちくま新書の編集長だった松田健さん（現筑摩選書編集長）を紹介してくれて、出版の計画がトントン拍子で進んだ。卒業から四五年にして、菊地さんから出された「宿題」を提出することができる。まさに感慨無量だった。

ただ、二三年秋に自民党派閥の裏金問題が発覚。私は一六年に朝日新聞を退社してTBSテレビのキャスターやコメンテーターを務めており、裏金問題の背景や政局の行方について取材と執筆、テレビ出演に忙殺された。それでも松田さんは粘り強く執筆を促してくれた。まず、朝日新聞の政治部記者として取材した安倍晋太郎、橋本龍太郎、小沢一郎各幹事長についての記憶を整理した。長年、取材対象だった小渕恵三、梶山静六、加藤紘一各幹事長についても調べ直した。そのほか、歴代幹事長についてのデータを集め、週末を利用して原稿を書き溜めた。

裏金事件はさらに拡大。自民党安倍派の国会議員の逮捕や起訴が相次ぎ、国会での追及も続いた。自民党による処分や関連する政治資金規正法の改正も動いていった。日常の政治ウォッチと並行しての執筆は厳しいものがあった。週末の深夜にパソコンに向かったり、平日の早朝に原稿を書き連ねたりした。五月の大型連休もフルに使って、どうにか書き終えることができた。全体の構成などに的確なアドバイスを続けてくれた松田さん、人名の多い原稿を綿密にチェックしてくれた校閲者の田村眞巳さんに深謝したい。

政治記者として一つの区切りともなる著作を完成できたのは、新聞記者になる前から支えてくれた妻・敦子の励ましに負うところが大きい。改めて感謝したい。三人の子供、そして元気な三人の孫たちも、時折り顔を見せて、激励してくれた。たくさんのエネルギーをもらった。

恩師・菊地さんをはじめ、朝日新聞時代の先輩や後輩、ＴＢＳテレビの仲間たちにも、感謝の気持ちを表し、筆をおきたい。

二〇二四年、初夏の風を感じながら

星　浩

参考文献

＊本文で引用した書籍を含め、以下の文献などを参照した。

アジア・パシフィック・イニシアティブ『検証　安倍政権』文春新書、二〇二二
五百旗頭真・伊藤元重・薬師寺克行編『小沢一郎 政権奪取論（90年代の証言）』朝日新聞社、二〇〇六
同編『宮澤喜一　保守本流の軌跡（90年代の証言）』朝日新聞社、二〇〇六
石川真澄・山口二郎『戦後政治史　第四版』岩波新書、二〇二一
逢坂巌『日本政治とメディア』中公新書、二〇一四
奥島貞雄『自民党幹事長室の30年』中公文庫、二〇〇五
小沢一郎『日本改造計画』講談社、一九九三
加藤紘一『強いリベラル』文藝春秋、二〇〇七
北岡伸一『自民党 政権党の38年』読売新聞社、一九九五
古賀誠『憲法九条は世界遺産』かもがわ出版、二〇一九
後藤謙次『ドキュメント 平成政治史1～5』岩波書店、二〇一四～二〇二四
野中広務『私は闘う』文藝春秋、一九九六
野中広務『老兵は死なず』文藝春秋、二〇〇三
早野透『田中角栄』中公新書、二〇一二
原彬久『岸信介』岩波新書、一九九五

福田赳夫『回顧九十年』岩波書店、一九九五
福永文夫『大平正芳』中公新書、二〇〇八
星浩『自民党と戦後』講談社現代新書、二〇〇五
星浩・逢坂巌『テレビ政治』朝日選書、二〇〇六
星浩『永田町政治の興亡』朝日選書、二〇一九
森喜朗『私の履歴書　森喜朗回顧録』日本経済新聞出版社、二〇一三

31	小渕恵三	1991年 4 月 1991年10月	海部俊樹
32	綿貫民輔	1991年10月 1992年12月	宮澤喜一
33	梶山静六	1992年12月 1993年 7 月	
34	森喜朗	1993年 7 月 1995年 8 月	河野洋平
35	三塚博	1995年 8 月 1995年10月	
36	加藤紘一	1995年10月 1998年 7 月	橋本龍太郎
37	森喜朗	1998年 7 月 2000年 4 月	小渕恵三
38	野中広務	2000年 4 月 2000年12月	森喜朗
39	古賀誠	2000年12月 2001年 4 月	
40	山﨑拓	2001年 4 月 2003年 9 月	小泉純一郎
41	安倍晋三	2003年 9 月 2004年 9 月	
42	武部勤	2004年 9 月 2006年 9 月	
43	中川秀直	2006年 9 月 2007年 8 月	安倍晋三
44	麻生太郎	2007年 8 月 2007年 9 月	安倍晋三
45	伊吹文明	2007年 9 月 2008年 8 月	福田康夫
46	麻生太郎	2008年 8 月 2008年 9 月	
47	細田博之	2008年 9 月 2009年 9 月	麻生太郎
48	大島理森	2009年 9 月 2010年 9 月	谷垣禎一
49	石原伸晃	2010年 9 月 2012年 9 月	
50	石破茂	2012年 9 月 2014年 9 月	安倍晋三
51	谷垣禎一	2014年 9 月 2016年 8 月	
52	二階俊博	2016年 8 月 2021年10月	
53			菅義偉
54	甘利明	2021年10月 2021年11月	岸田文雄
55	茂木敏充	2021年11月 現職	

幹事長 代	幹事長 氏名	就任月／退任月	総裁
1	岸信介	1955年11月／1956年12月	鳩山一郎
2	三木武夫	1956年12月／1957年7月	石橋湛山
3			岸信介
4	川島正次郎	1957年7月／1959年1月	
5	福田赳夫	1959年1月／1959年6月	
6	川島正次郎	1959年6月／1960年7月	
7	益谷秀次	1960年7月／1961年7月	池田勇人
8	前尾繁三郎	1961年7月／1964年7月	
9	三木武夫	1964年7月／1965年6月	
10			佐藤栄作
11	田中角栄	1965年6月／1966年12月	
12	福田赳夫	1966年12月／1968年11月	
13	田中角栄	1968年11月／1971年6月	
14	保利茂	1971年6月／1972年7月	
15	橋本登美三郎	1972年7月／1974年11月	田中角栄
16	二階堂進	1974年11月／1974年12月	田中角栄
17	中曽根康弘	1974年12月／1976年9月	三木武夫
18	内田常雄	1976年9月／1976年12月	
19	大平正芳	1976年12月／1978年12月	福田赳夫
20	齋藤邦吉	1978年12月／1979年11月	大平正芳
21	櫻内義雄	1979年11月／1981年11月	
22			鈴木善幸
23	二階堂進	1981年11月／1983年12月	
24			中曽根康弘
25	田中六助	1983年12月／1984年10月	
26	金丸信	1984年10月／1986年7月	
27	竹下登	1986年7月／1987年10月	
28	安倍晋太郎	1987年10月／1989年6月	竹下登
29	橋本龍太郎	1989年6月／1989年8月	宇野宗佑
30	小沢一郎	1989年8月／1991年4月	海部俊樹

歴代自民党幹事長一覧

人名索引

あ行

か行

さ行

た行

な行

は行

ちくま新書
1810

自《じ》民《みん》党《とう》幹《かん》事《じ》長《ちょう》
――歴史《れきし》に見《み》る権力《けんりょく》と人間力《にんげんりょく》

二〇二四年八月一〇日 第一刷発行

著者 星 浩（ほし・ひろし）

発行者 増田健史

発行所 株式会社 筑摩書房
東京都台東区蔵前二-五-三 郵便番号一一一-八七五五
電話番号〇三-五六八七-二六〇一（代表）

装幀者 間村俊一

印刷・製本 三松堂印刷 株式会社

ISBN978-4-480-07639-7 C0231

ちくま新書

294 デモクラシーの論じ方
――論争の政治
杉田敦
民主主義、民主的な政治とは何なのか。あまりに基本的と思える問題について、一から考え、デモクラシーにおける対立点や問題点を明らかにする、対話形式の試み。

465 憲法と平和を問いなおす
長谷部恭男
情緒論に陥りがちな改憲論議と冷静に向きあうには、そもそも何のための憲法かを問う視点が欠かせない。この国のかたちを決する大問題を考え抜く手がかりを示す。

594 改憲問題
愛敬浩二
戦後憲法はどう機能してきたか。改正でどんな効果が期待できるのか。改憲論議にはこうした実質を問う視角が欠けている。改憲派の思惑と帰結をクールに斬る一冊！

655 政治学の名著30
佐々木毅
古代から現代まで、著者がその政治観を形成する上でたえず傍らにあった名著の数々。選ばれた30冊は混迷を深める時代にこそますます重みを持ち、輝きを放つ。

905 日本の国境問題
――尖閣・竹島・北方領土
孫崎享
どうしたら、尖閣諸島を守れるか。竹島や北方領土は取り戻せるのか。平和国家・日本の国益に適った安全保障とは何か。国防のための国家戦略が、いまこそ必要だ。

960 暴走する地方自治
田村秀
行革を旗印に怪気炎を上げる市長や知事、地域政党。だが自称改革派は矛盾だらけだ。幻想を振りまき混乱に拍車をかける彼らの政策を分析、地方自治を問いなおす！

984 日本の転機
――米中の狭間でどう生き残るか
ロナルド・ドーア
三〇～四〇年後、米中冷戦の進展によって、世界は大きく変わる。太平洋体制と並行して進展する中東の動きを分析し、徹底したリアリズムで日本の経路を描く。

ちくま新書

1033
平和構築入門
——その思想と方法を問いなおす
篠田英朗
平和はいかにしてつくられるものなのか。武力介入や犯罪処罰、開発援助、人命救助など、その実際的手法と背景にある思想をわかりやすく解説する、必読の入門書。

1044
司法権力の内幕
森炎
日本の裁判所はなぜ理不尽か。人質司法、不当判決、形式的な死刑基準……など、その背後に潜むゆがみや瑕疵を整理、解説。第三権力の核心をえぐる。

1049
現代語訳 日本国憲法
伊藤真訳
憲法とは何か。なぜ改憲が議論になるのか。明治憲法と、日本国憲法。「二つの憲法」の生き生きとした現代語訳から、日本という国の姿が見えてくる。

1111
平和のための戦争論
——集団的自衛権は何をもたらすのか？
植木千可子
「戦争をするか、否か」を決めるのは、私たちの責任になる。集団的自衛権の容認によって、日本と世界はどう変わるのか？ 現実的な視点から徹底的に考えぬく。

1122
平和憲法の深層
古関彰一
日本国憲法制定の知られざる内幕。そもそも平和憲法は押し付けだったのか。天皇制、沖縄、安全保障……その背後の政治的思惑、軍事戦略、憲法学者の主導権争い。

1150
地方創生の正体
——なぜ地域政策は失敗するのか
山下祐介
金井利之
「地方創生」で国はいったい何をたくらみ、地方をどう支配しようとしているのか。気鋭の社会学者と行政学者が国策の罠を暴き出し、統治構造の病巣にメスを入れる。

1152
自衛隊史
——防衛政策の七〇年
佐道明広
世界にも類を見ない軍事組織・自衛隊はどのようにできたのか。国際情勢の変動と平和主義の間で揺れ動いてきた防衛政策の全貌を描き出す、はじめての自衛隊全史。

ちくま新書

1267 ほんとうの憲法 ――戦後日本憲法学批判 篠田英朗

憲法九条や集団的自衛権をめぐる日本の憲法学者の議論はなぜガラパゴス化したのか。歴史的経緯を踏まえ、政治学の立場から国際協調主義による平和構築を訴える。

1310 行政学講義 ――日本官僚制を解剖する 金井利之

我々はなぜ官僚支配から抜け出せないのか。政治主導はなぜ無効なのか。支配・外界・身内・権力の四つの切り口で行政の作動様式を解明する、これまでにない入門書。

1311 アメリカの社会変革 ――人種・移民・ジェンダー・LGBT ホーン川嶋瑤子

「チェンジ」の価値化――これこそがアメリカ文化の柱である。保守とリベラルのせめぎあいでダイナミックに動く、平等化運動から見たアメリカの歴史と現在。

1327 欧州ポピュリズム ――EU分断は避けられるか 庄司克宏

反移民、反グローバル化、反エリート、反リベラルが世界を席巻！ EUがポピュリズム危機に揺れる理由は、その統治機構と政策にあった。欧州政治の今がわかる！

1331 アメリカ政治講義 西山隆行

アメリカの政治はどのように動いているのか。その力学を歴史・制度・文化など多様な背景から解説。アメリカン・デモクラシーの考え方がわかる、入門書の決定版。

1345 ロシアと中国　反米の戦略 廣瀬陽子

孤立を避け資源を売りたいロシア。軍事技術が欲しい中国。米国一強の国際秩序への対抗……。だが、中露蜜月の舞台裏では熾烈な主導権争いが繰り広げられている。

1346 立憲的改憲 ――憲法をリベラルに考える7つの対論 山尾志桜里

今あるすべての憲法論を疑え！ 真に権力を縛り立憲主義を取り戻す「立憲的改憲」を提起し自衛権、安全保障、違憲審査など核心問題について気鋭の論客と吟味する。

ちくま新書

1477 EU離脱 ——イギリスとヨーロッパの地殻変動 鶴岡路人

ついに離脱を現実のものとしたイギリスが失うものとはなにか？　一枚岩になれないEUはどうなるのか？　なお問題山積のヨーロッパの現在を最も正確に論じる。

1483 韓国　現地からの報告 ——セウォル号事件から文在寅政権まで 伊東順子

セウォル号事件、日韓関係の悪化、文在寅政権下の分断……二〇一四～二〇年のはじめまで、何が起こり、人びとは何を考えていたのか？　現地からの貴重なレポート。

1488 令和日本の敗戦 ——虚構の経済と蹂躙の政治を暴く 田崎基

安倍長期政権の末路ここにあり。崩壊寸前のこの国はやがて「令和の敗戦」を迎える。経済政策の虚構、疲弊する労働者、権力の暴走と欺瞞を気鋭の記者が迫真ルポ。

1503 元徴用工　和解への道 ——戦時被害と個人請求権 内田雅敏

日韓関係に影を落とす元徴用工問題。解決済とする日本政府も補償を求める彼らの個人請求権は認めている。戦後75年間放置されている戦時被害を直視し和解を探る。

1512 香港とは何か 野嶋剛

選挙介入や国家安全法の導入決定など、中国の横暴がすさまじい。返還時の約束が反故にされた香港。若者中心の抵抗運動から中米対立もはらむ今後の見通しまで。

1514 中東政治入門 末近浩太

パレスチナ問題、「アラブの春」、シリア内戦、「イスラーム国」、石油依存経済、米露の介入……中東が抱える複雑な問題を「理解」するために必読の決定版入門書。

1518 メディアが動かすアメリカ ——民主政治とジャーナリズム 渡辺将人

メディアは政治をいかに動かし、また動かされてきたのか。アメリカのテレビと選挙の現場を知り尽くした著者が解き明かす、超大国アメリカの知られざる姿。

ちくま新書

1519 リベラルの敵はリベラルにあり　倉持麟太郎
「フェイク」リベラルの「ハリボテ」民主主義ではもう闘えない。個人の自由を脅かす無法国家を露呈したコロナ後時代に提言する、保守層も必読の斬新な挑戦状。

1572 現代ロシアの軍事戦略　小泉悠
冷戦後、弱小国となったロシアはなぜ世界的な大国であり続けられるのか。メディアでも活躍する異能の研究者が戦争の最前線を読み解き、未来の世界情勢を占う。

1697 ウクライナ戦争　小泉悠
2022年2月、ロシアがウクライナに侵攻した。21世紀最大規模の戦争はなぜ起こり、戦場では何が起きているのか？　気鋭の軍事研究者が、その全貌を読み解く。

1575 コロナ対策禍の国と自治体 ――災害行政の迷走と閉塞　金井利之
なぜコロナウイルス対策で、国対自治体の構図に象徴される非難応酬が起きるのか。民衆にとって行政のコロナ対策自体が災禍となっている苛政の現状を分析する。

1587 ミャンマー政変 ――クーデターの深層を探る　北川成史
二〇二一年二月、ミャンマー国軍がアウンサンスーチー国家顧問らを拘束した。現地取材をもとに、この政変の背景にある国軍、民主派、少数民族の因縁を解明かす。

1591 民主党政権　未完の日本改革　菅直人
民主党政権は本当に失敗だったのか。マニフェストの諸政策を再検証し、未完に終わったにすぎない「日本改革」を今こそ実現すべく、リベラル復活に向けて掲げなおす。

1601 北方領土交渉史　鈴木美勝
「固有の領土」はまた遠ざかってしまった。歴代総理や官僚たちが挑み続け、ゆっくりであっても前進していた交渉が、安倍外交の大誤算で後退してしまった内幕。

ちくま新書

1638 北朝鮮外交回顧録　山本栄二
拉致被害者の帰国はいかにして実現したのか。一九九〇年の金丸訪朝から二〇〇二年、〇四年の二度の小泉訪朝までの北朝鮮外交に従事した外交官による回想録。

1664 国連安保理とウクライナ侵攻　小林義久
5常任理事国の一角をなすロシアの暴挙により、安保理は機能不全に陥った。拒否権という特権の成立から、国連を舞台にしたウクライナ侵攻を巡る攻防まで。

1679 韓国の変化 日本の選択 ――外交官が見た日韓のズレ　道上尚史
飛躍的な変化を見せる韓国とどう向き合うべきか。長く韓国に駐在し、現地事情に精通した外交官が、韓国市民の日本観を冷静に分析。日本の進むべき道を提言する。

1680 日朝交渉30年史　和田春樹
歴代の首相や外交官が試みた日朝国交樹立はなぜ頓挫したのか。両国が再び歩み寄る手がかりはあるのか。膨大な資料と当事者たちの証言から失敗の背景を徹底検証。

1696 戦争と平和の国際政治　小原雅博
元外交官の著者が、実務と理論の両面から国際政治を動かす本質を明らかにし、ウクライナ後の国際秩序の変動、また米中対立から日本も含め予想される危機に迫る。

1702 ルポ プーチンの破滅戦争 ――ロシアによるウクライナ侵略の記録　真野森作
なぜウクライナ戦争が起こったのか、戦時下で人々はどうしているか。虐殺の街で生存者の声を聞いた記者が、露プーチン大統領による理不尽な侵略行為を告発する。

1720 主権者を疑う ――統治の主役は誰なのか？　駒村圭吾
「最終的に決めるのは主権者たる国民の皆様です！」しかし主権とは何で、主権者とは誰なのか？　恐怖と期待に満ちた〝取扱い注意〟の概念を掘り下げる禁断の書。

ちくま新書

1721
紛争地の歩き方
――現場で考える和解への道
上杉勇司
カンボジアからシリア、ボスニアまで世界各地の紛争地で現地の平和に貢献する活動を行ってきた国際紛争研究者が、紛争の現場を訪ね、和解とは何かを問いなおす。

1739
ウクライナ動乱
――ソ連解体から露ウ戦争まで
松里公孝
ウクライナの現地調査に基づき、ロシアのクリミア併合、ドンバスの分離政権と戦争、ロシアの対ウクライナ開戦準備など、その知られざる実態を内側から徹底的に解明。

1752
世界を動かした名演説
パトリック・ハーラン
池上彰
演説とは「言葉での戦闘」だ。大戦の戦況を覆した演説、史上最強の謝罪演説、被差別者側の切実なほしい物リスト……。現代史の学び直しに欠かせない珠玉の名言集。

1761
情報公開が社会を変える
――調査報道記者の公文書道
日野行介
公文書と「個人メモ」の境界は？ 電子メールも公開請求できる？ 「不開示」がきたらどうする？ 調査報道記者が教える、市民のための情報公開請求テクニック。

1782
労働法はフリーランスを守れるか
――これからの雇用社会を考える
橋本陽子
アプリで仕事を請け負う配達員など、労働法に保護されない個人事業主には多くの危険が潜む。労働法は誰のための法か。多様な働き方を包摂する雇用社会を考える。

1799
日本のＰＫＯ政策
――葛藤と苦悩の60年
庄司貴由
国際社会の要請、政治家の思惑、安全の確保――自衛隊ＰＫＯ派遣の舞台裏で、いかなる政治的議論がめぐらされてきたのか。葛藤と苦悩の歴史を複眼的に描き出す。

1802
検証 大阪維新の会
――「財政ポピュリズム」の正体
吉弘憲介
誰に手厚く、誰に冷たい政治か。「身を切る改革」、授業料無償化から都構想、万博、ＩＲ計画まで。印象論を排し、財政データから維新の「強さ」の裏側を読みとく。